政治家は悪人くらいでちょうどいい！

乾 正人 産経新聞上席論説委員

ワニブックス

はじめに

政治家に「善」「清」「徳」を求めてはいけない

「誰に対しても悪をもって悪に報いず、すべての人に対して善を図りなさい」（新約聖書・ローマ人への手紙より）

すべての人類が、キリスト教の教えに従って「悪をもって悪に報い」ないように暮らしていれば、戦争なんてとっくの昔になくなっていただろう。

だが、皮肉なことにキリスト教国は、十字軍の昔から日本のような非キリスト教国を攻め立て、キリスト教国同士でも頻繁に戦争を起こし、一般市民の大量虐殺を繰り返してきた。

昔はインディアンと呼ばれたネイティブ・アメリカンやオーストラリアの原住民・アボリジニは、キリスト教国からやってきた入植者と当初、「話し合い」で友好的に接しようとしたが、虐殺され、絶滅寸前まで追い詰められた。当時、ネイティブ・アメリカンやアボリジニは最新の大量殺傷兵器であった銃を持ち合わせておらず、乏しい武力では侵略者にいかんともしがたかったのだ。

「悪」には「悪」で対抗せねば、弱者は情け容赦なく滅ぼされる。

この当たり前の「定理」は、二十一世紀に入っても何ら変わることはなかった。ウクライナやガザの現状を一目見れば、自明の理である。

閑話休題。

最初の一五〇字以内で、結論をわかりやすく書け。読点（、）を多用してだらだらと書くな。これは昭和六一（一九八六）年五月、私が駆け出しの新聞記者時代に産経新聞新潟支局長、菅原順臣から最初に教えられた記事の筆法だ。

爾来《じらい》四十年近く、支局長の教えを守ってきたつもりだが、この本の結論は、政治家に人並み優れた「善」「清」「徳」といった徳目を求めてはいけない、ということに尽きる。

国や地方、もちろん住民の「益」を護り、育てることのできる人物を政治家にせよ、ということである。「善」「清」「徳」を持つことが必須の条件として求められるのは、教育者や宗教家であって政治家ではない（三つとも、いや一つでも備えた教育者や宗教家はまれだが）。

「悪党政治家天国」だった時代

私はリクルート事件が猖獗《しょうけつ》を極めていた平成元（一九八九）年六月から産経新聞政治部に配属され、三十五年以上にわたって永田町と霞が関周辺をうろついてきた。その体験から正直に書くと（読者には意外と思われるかもしれないが）、政治家はどんどん清く正しくなり、「善人」たちが増殖しているのだ。

振り返ってみると、事実上の軍部独裁政権だった戦時中を除く昭和から平成初頭にかけて、永田町は「悪党政治家天国」だった。

私が直接間接に見聞した平成初頭も「悪党政治家」たちが縦横無尽に躍動していた。

首相経験者として初めて東京地検特捜部に逮捕された田中角栄《たなかかくえい》は、既に病の床にあったが、自宅に金の延べ棒を隠し持っていた元自民党副総裁・金丸信《かねまるしん》、リクルート事件の捜査が身辺に迫る中、秘書が自殺した元首相・竹下登《たけしたのぼる》、金丸の寵愛を受け、竹下と対立した挙句、自民党を割った元自民党幹事長・小沢一郎《おざわいちろう》、それにロッキード事件やダグラス・グラマン事件、さらにはリクルート事件でも東京地検特捜部に「本命」視されながらも逃げきった大勲位、中曽根康《なかそねやす》弘《ひろ》ら「悪党政治家」たちが覇を競い、日本政治を動かしていた。

悪党政治家の「悪」とは何か

ここで、本書で用いている「悪党政治家」の定義を私なりにしてみたい。

もともと日本語の「悪」は、「善悪」の悪とは違う「強さ」や「精悍さ」を表す言葉としても使われていた。

皇居前の楠木正成像

平安末期、鎌倉幕府を開いた源頼朝の長兄・義平は、勇猛果敢な武将として「悪源太《あくげんた》」と呼ばれ、朝廷で辣腕《らつわん》を振るった左大臣藤原頼長は「悪左府《あくさふ》」と恐れられたといわれる。

鎌倉末期、河内を拠点に幕府に反旗を翻し、後醍醐天皇が主導した建武の新政へ道を開いた楠木正成《くすのきまさしげ》も「悪党」と称された。

幕末、長州討伐に乗り出した江戸幕府に対抗するため奇兵隊を結成した高杉晋作や英国公使館焼き討ちに参加した伊藤博文らも「悪党」と呼べるかもしれない。

つまり、本書で用いる「悪党政治家」は、ただ単に倫理的、道徳的に道にはずれた行いをする政治家の意味だけではない（その意味も多少は含ませてはいる。彼らは多かれ少なかれ司法機関が捜査に乗り出してもおかしくないスキャンダルを抱えていたからだ）。

高杉晋作

あらゆる手練手管《てれんてくだ》を使って国家権力を握ろうとする意志と実行力を持ち合わせた強い政治家、とでも定義しておこう。

国民の怒りがマグマに

そんな「悪党政治家」たちは、平成が終わり、令和の御代《みよ》となったいま、永田町からすっかり消えてしまったようにみえる。

自民党最後の「悪党政治家」と言っても過言ではない元自民党幹事長、二階俊博《にかいとしひろ》も派閥の資金集めパーティー券問題の責任を取る形で引退を表明した。

平成一二（二〇〇〇）年四月、首相だった小渕恵三《おぶちけいぞう》が小沢一郎との会談後、首相公邸で倒れた直後、密室談合で総理大臣に登りつめ、東京五輪招致や清和会パーティー券問題などで週刊誌をにぎわし続けた元首相、森喜朗《もりよしろう》もまたとっくの昔に政界を引退している。

彼らの退場と軌《き》を一《いっ》にするかのように、日本の政治からダイナミズムが失われていったのは偶然ではない。

「悪党政治家」たちが、次々と退場したからといって、スキャンダルがこの日本から消えてなくなったわけではない。

政治資金パーティー券問題に端を発した派閥の裏金問題は、岸田文雄政権を直撃し、首相は通常国会の会期末にもくろんでいた衆院解散・総選挙を断念せざるを得なかった。

単に「悪」のスケールが小さくなっただけで、今の政治がうまくいっている、と感じている日本人はごく少数派だ。

令和六（二〇二四）年七月七日に投開票された東京都知事選で、選挙戦当初は知名度が低かった元安芸高田《あきたかた》市長、石丸伸二が約一六五万票もの票を集めた事実が、日本人の政治不信を象徴している。

「石丸現象」が今後、どういう展開をみせるかは、のちほど触れる。

従来型政治家である小池百合子も蓮舫《れんほう》も気に入らない、つまり既成の政治家や政党への不満が、有権者の胸の内にマグマの如くたまっているのだ。

日本の国力が、明らかに落ちている事実に国民はいら立っている。

平成初頭のバブル崩壊以降、徐々に衰えていった「失われた三十年」を経て、国内総生産（ＧＤＰ）はあっという間に中国に抜かれ、二〇二四年には人口八〇〇〇万人のドイツの後塵を拝するに至った。

経済協力開発機構（ＯＥＣＤ）が、二〇二三年に発行した各国政府の比較分析報告書「図表で見る政府」によると、日本は国会への信頼度が加盟三十八か国中最も低い。「信頼していない」「あまり信頼していない」と答えた人が、過半数を超えているのだ。

「社会の分断」がもはや修復しがたいレベルに達しているアメリカや移民問題に揺れるドイツ、フランスなど欧米各国はもとより、メキシコやコロンビア、コスタリカといった中南米諸国の国民より国会への信頼度は低い。

普通選挙が日本の議会に導入されてからほぼ百年。女性参政権が認められてからでも八十年近くを数える「議会制民主主義先進国」日本で、これほどまでに政治への信頼感が乏しいのはなぜか。

一つには、国会論戦があまりにもレベルが低いことにある。

日本には、ありとあらゆる分野で、ありとあらゆる問題が山積している。

中国やロシア、北朝鮮と「敵国」に頭を押さえつけられた形の日本の安全保障をどう担保するのか、深刻化する少子化問題と超高齢化社会の出現にどう対処するのか、欧米や中国と差が開く一方のＡＩをはじめとする科学技術にどうキャッチアップするのか、といった諸課題を国家的見地から論議し、立法化するのが国会の役割であるのに、国会は国民の期待にまったく応えていない。

与党議員は、国会論議よりも政治資金パーティー券の売り上げノルマに頭を痛め、野党はといえば、週刊誌が取材した与党議員のスキャンダルを国会でとりあげるのが仕事だと勘違いしている。

憲法改正問題も共産党や立憲民主党が反対の立場に固執しているのをいいことに、与党もサボタージュしている。

鶴田浩二の歌ではないが、「右を向いても　左を見ても　馬鹿と阿呆のからみあい」なのである。

政治が三流だと経済も三流になる

国会での内容のない論議以上に深刻なのは、政治が「結果」を出していないことにある。一昔前までは「経済一流、政治三流」と言われてきたが、最近では「経済一流」も怪しくなった。実は、経済が一流であった時代は、政治もそこそこやっていたのである。政治が「三流」に転落したから経済も「三流」に転落してしまったとの見方も成り立つ。日本政治が「三流」に転落したことで、国力は大きく削《そ》がれ、少子化対策も後手《ごて》を踏み続けた。

イーロン・マスク

電気自動車最大手・テスラの経営者であり、宇宙事業にも積極的に乗り出しているイーロン・マスクは、令和五（二〇二三）年の日本の出生数が七五万八六三一人（速報値）と過去最少を更新したことを受け、X（旧ツイッター）で「もし何も変えなければ、日本は消えてなくなるだろう」（二〇二四年二月二九日）と警告した。彼は二年前にも同様の「日本消滅論」を唱えていた。日本の政治家が大胆な政策を打ち出し、実行できないことを見透かしているのだ。

「ポスト安倍」いまだ現れず

悔しいかな、彼の挑発的な指摘に反論する材料を、いま私は持ち合わせていない。凶弾に倒れた安倍晋三なき自民党に、政策力と実行力とを兼ね備えた「ポスト安倍」がいまだ現れていないのも「三流政治国家」の明らかな症例だ。

自民党だけではない。野党全体を見渡しても「この人を総理大臣にしたい」という魅力ある政治家が皆無なのである。

世論調査で「次の総理大臣にふさわしい政治家」を聞いても野党政治家が上位に食い込むのはまれである。野党第一党の立憲民主党代表の泉健太を挙げた人は、わずか一%にすぎなかった（令和六年四月二〇、二一日実施。産経新聞・FNN調査）。

もちろん政界の人材不足は今に始まったわけではなく、洋の東西を問わない。

敗戦後の日本が、好むと好まざるとに関わらず、民主主義の範としたアメリカでも同じこと。一時は、二〇二四年秋の大統領選を認知症と疑われた八十一歳の現職ジョー・バイデンと七十八歳のドナルド・トランプが争おうとしたほど人材が枯渇している。

ジョー・バイデン

ドナルド・トランプ

バイデン、トランプはともに歴代米大統領より人格、見識ともに傑出した人物である、と感じているアメリカ人は、熱狂的なトランプ信者以外にはいまい。

バイデンは二〇二四年七月二一日（日本時間）、出馬断念に追い込まれたが、共和、民主両党ともに人材難なのは日本と同じ。

メディアの発達、なかんずくＳＮＳの爆発的普及によって民主主義国家においては、カネや男女関係がらみのスキャンダルはもとより、ちょっとした失言をしても瞬時にネガティブ情報が駆けめぐり、多くの場合、政治的致命傷になっている。

特に働き盛りの六十歳代以下の政治家で、脛に傷を持たない政治家などいない、といっても過言ではない。

アメリカで一九八〇年代から広まったポリティカル・コレクトネス（人種、性別、思想などの違いで偏見や差別をしない中立的な表現や用語を使用すること）に縛られた彼ら彼女らは、総じてスキャンダルに対する耐性ができておらず、SNSを通じた不特定多数からのバッシングに脆《あやう》い。

その点、トランプはこれまでの経歴でありとあらゆるスキャンダルに見舞われてきたが、並はずれた鈍感力で乗り切ってきた。刑事被告人として法廷に立ちながら大統領選に挑んでおり、「司法の横暴」を支持者にアピールするなど逆手に取っている。

こうした実績からトランプは、押しも押されもしない「悪党政治家」の部類に入る。

だが、今、世界を牛耳《ぎゅうじ》ろうとしているのは、ホンモノの「悪い奴ら」である。

「悪党」でなかった岸田文雄

「悪党政治家」より悪質な「悪い奴ら」は、隣国のウクライナ指導部を「ネオ・ナチス」呼ばわりして攻め込み、多大の犠牲者を出しても恬《てん》として恥じぬロシア大統領ウラジーミル・プーチンが、「悪い奴ら」そのものなのは、言うまでもない。

困窮する国民を顧みず、核・ミサイル開発に妄進する北朝鮮の金正恩《キムジョンウン》、国際社会の非難をカエルの面《つら》に小便とばかりにガザ市民を虐殺したイスラエル首相のベンヤミン・ネタニヤフと、枚挙にいとまがない。

台湾併合を公言してやまず、東、南シナ海どころか西太平洋にも覇を求めてやまない中国国家主席、習近平《しゅうきんぺい》は「悪い奴ら」の仲間である。

もちろん、多大の犠牲を伴う台湾上陸作戦を決行した時点でホンモノの「悪い奴ら」にランクインするのは当然だ。

対する西側陣営には、こうした「悪い奴ら」と対話し、かつ対抗できる「悪党政治家」が、トランプをはじめほんの少ししかいない。

習近平

金正恩

トランプは「自分が大統領だったらロシアはウクライナに攻め込まなかった」という趣旨の発言をしたが、その通りだ。

アニメ・アンパンマンのキャラクター、ばいきんまんの名セリフ「悪には悪の正義がある」は、一面の真実をついている。

「悪の正義」がわかるのは、「正義」を信じてやまない善人ではない。酸《す》いも甘いもかみ分けた「悪党」であり、だからこそ対話が可能となる。

「善人」政治家の部類に入るバイデンや岸田文雄は、「悪の三国同盟」と化した中国、ロシア、北朝鮮とは、とても渡り合えない。

岸田文雄
出典：首相官邸ホームページ

現に拉致《らち》問題解決の糸口をつかむため金正恩とのトップ会談に前のめりになっていた岸田は、北朝鮮側に日朝間の秘密交渉をばらされ、はしごを外された。

そんな岸田もバイデン同様、再選の道を自ら絶った。二〇二四年九月の自民党総裁選に出馬しても勝ち目がないのを悟ったからだが、彼も「悪党」ではなかった。

もし、「悪党政治家」だったならば、どんな手練手管を使っても総理大臣の椅子《いす》に座り続けようとしたはずだ。

日本が台湾や尖閣諸島をめぐって中国と一触即発の状態にあり、内政でも時代の転換点を迎えたいま、ポスト岸田に最も求められる資質は、「悪党」の如き決断力と行動力ではあるまいか。

この本は、そんな妄想から出発しているので、令和の御代では「不適切にもほどがある」記述があることをご容赦願いたい。

もちろん、敬称は略させていただいた。

はじめに

第1章 善人に政治家は務まらない

1 「悪い奴ら」の五要件

決断できなかった衆院解散 羽田 孜 ■一九三五～二〇一七

大震災に遭遇した好々爺 村山富市 ■一九二四～

親殺しできず、不況招く　橋本龍太郎　■一九三七〜二〇〇六

ルーピー首相の悲劇　鳩山由紀夫　■一九四七〜

第2章 「悪党」がつくった自民党

1 自民党は悪党によってつくられた

第3章 日本沈没か復活か〝岸田後〟の五人

第4章 〝正義〟は今日も大暴走

2 政治にはカネがかかる——アメリカ型政治献金制度にせよ

おわりに

装丁・本文デザイン　神長文夫＋吉田優子（ウエル・プランニング）

※敬称につきましては、一部省略いたしました。
役職は当時のものです。
※写真にクレジットがないものは、パブリックドメインです。

第1章

善人に政治家は務まらない

1 「悪い奴ら」の五要件

悪い奴らほどよく眠る

巨匠・黒澤明の作品に『悪い奴ほどよく眠る』という映画がある。六〇年安保闘争が盛り上がった直後の昭和三五（一九六〇）年九月に封切られた現代劇で、黒澤プロダクションが制作した記念すべき第一作なのだが、復讐に燃える三船敏郎演じる主人公の行動が観客には自分勝手すぎるようにみえるのと、結末の苦さが災いしてか興行的には失敗した。

それでも『ゴッドファーザー』を監督したフランシスコ・コッポラなどが絶賛しているように、黒澤映画らしいといえば、らしい映画でもある。

あらすじを簡単に書くと、公団汚職の巻き添えを食って自死を強要された父の仇《かたき》を討つため、主犯である公団副総裁の娘と結婚した主人公は、仇を取る寸前で身元がわかり、逆に殺されてしまう。ラストでは、副総裁が何者かに「外遊でもして、ほとぼりが冷めるのを待て」と電話で指示され、「お休みなさいませ」と返事してエンドとなる。

汚職の黒幕は、ついに明らかにされることなく終わるのだが、映画を見たほとんどの観客は、黒幕を政治家、いや「悪党政治家」だと直感したことだろう。

映画が封切られたときの首相は、池田勇人《いけだはやと》でその前は岸信介《きしのぶすけ》。当時からわずか六年前には、池田は造船疑獄の渦中にあり、吉田茂の指示で法務大臣が指揮権を発動していなかったら政治生命は完全に断たれていたはずだった。岸も「昭和の妖怪」と称されていた通り、叩けばいくらでも埃《ほこり》が出た政治家である。

吉田茂

もっと「悪い奴ら」が出てくるのは、石川達三が昭和四一（一九六六）年に書いた『金環蝕』だ。

九年後に山本薩夫がメガホンをとって映画化されたが、ダム建設汚職事件を縦軸に、実弾（カネ）飛び交う自民党総裁選を見事に活写した。

登場する政治家のモデルは、池田をはじめ佐藤栄作《さとうえいさく》、田中角栄、黒金泰美、田中彰治ら「悪い奴ら」揃いで、仲代達矢、三國連太郎、中谷一郎らが「悪い奴ら」になりきって熱演し、いま見ても十分面白い。

その後、戸川猪佐武《とがわいさむ》が書いた『小説吉田学校』を森谷司郎が監督して昭和五八（一九八三）年に映画化された。吉田茂や池田、佐藤、田中らが実名で登場するが、「自民党ヨイショ映画」にならざるを得なかったため、森繁久彌が吉田を好演していた以外はよく覚えていない。

以降、日本映画から実在の「悪い奴ら」（政治家）をモデルとした人物は描かれなくなった。日本のテレビ・映画業界が、政治に直接切り込むことに消極的なばかりでなく、政治家自体が小粒になってしまい、映像で表現したくなる「悪」の臭いがしなくなったのかもしれない。

スケールが違う世界の「悪い奴ら」

だが、世界の「悪い奴ら」は、スケールがまったく違い、現在も跳梁跋扈《ちょうりょうばっこ》している。

古今東西の政治リーダーの中で、「悪い奴ら」の特徴を分類するとこうなる。
①極端な自己中心主義
②「建前」と「本音」の異常な乖離《かいり》

③倫理・道徳観の欠如
④軍事力を軸とした「力」への信仰
⑤猜疑心《さいぎしん》の強さ

第一の「極端な自己中心主義」と常識にとらわれない行動力は、「悪い奴ら」だけでなく、「成功者」と呼ばれる人々の最大公約数といっても過言ではない。

ソフトバンクを瞬く間に巨大企業に成長させた孫正義をはじめ、一代で財を成した経済人に共通している。財を成したあと、あるいはその過程で利他主義に目覚めたのが、松下幸之助であり、稲盛和夫であるが、こちらは少数派だ。

世界の現役政治家のうち、最も自己中心主義的とみられているのが、ドナルド・トランプだ。米民主党の機関紙的存在である「ニューヨーク・タイムズ」は、彼を「言動が危険で、国家より自己を優先し、われわれが従う法律を嫌う。指導者にふさわしくない」（二〇二四年七月一一日付社説）とこきおろした。

確かに二〇二〇年の大統領選では、自身の敗北を認めず、トランプ支持者の米議会議事堂乱入事件を煽ったとして「国家を欺いた罪」などで起訴された。

第二の「建前」と「本音」の歴然たる乖離を何ら恥じることなく堂々と使い分け、演じきったのが、元米大統領、バラク・オバマだろう。

「イエス、ウイ、キャン（そう、我々はできる）」「チェンジ（変革）」を合言葉に、ワシントンやウォール街の既得権益者に媚《こび》を売ることをやめ、国民本位の政治に変えると訴えて大統領選挙を戦ったオバマだが、大統領就任式の「特等席」に座ったのは、ウォール街の重鎮たちだった。

「核兵器のない世界」を訴え、ノーベル平和賞も受賞したが、オバマ政権の八年間で世界から核兵器がなくなるどころか、ますます核戦争の脅威が高まっているのは言うまでもない。

オバマは、理想は理想、現実は現実と割り切って大統領職を終えたわけで、確信犯的な「悪い奴ら」なのである。

アドルフ・ヒトラー

第三で挙げた「倫理・道徳観の欠如」は、「悪い奴ら」なのだから当たり前といえば当たり前の話。
独裁者と呼ばれているアドルフ・ヒトラーにしろ、ヨシフ・スターリンにしろ、毛沢東にしろ、ユダヤ人や自国民を百万、一千万人単位で虐殺しても恬として恥じるところがなかった。
スケールこそ違え、ロシア大統領のプーチンもウクラ

ヨシフ・スターリン

イナ侵攻で無辜《むこ》の市民を虐殺し、ロシアと「軍事同盟」を結んだと主張する金正恩も反逆した自国民の弾圧のみならず、軍人の粛清《しゅくせい》も続けている。

原爆投下をまったく悔いていないトルーマン

その点、日本史を紐解くと、極端に倫理・道徳観が欠如したリーダーはほとんどいない。東京裁判で「人道に対する罪」などに問われ、絞首刑に処せられた元首相、東條英機でさえ、戦争中に戦地や占領地で起こった「非人道的行為」を直接指示したケースはまったくなく、自らがつくった「戦陣訓」では皇軍兵士に綱紀粛正を説いているほどだ。

さきの五人に匹敵する「悪い奴ら」といえば、織田信長の右に出るものはいまい。

何しろ比叡山延暦寺では無抵抗の女子供まで切り捨てたほか、伊勢長島の一揆では一向宗門徒を何万人も皆殺しにしている。

それでもＮＨＫ大河ドラマが、織田信長を何作にもわたって「進取の気性に富んだ英雄」として描いたため、彼の残忍性は閑却されてしまった。

対日戦終戦時の米大統領で、広島・長崎への原爆投下にゴーサインを出したハリー・Ｓ・トルーマンも立派な「悪い奴ら」である。

ハリー・S・トルーマン

原爆開発計画を推進した大統領、フランクリン・ルーズベルトは既にこの世になく、あとを引き継いだだけ、と弁護する向きもあるが、原爆投下の決断をあとになって悔いたわけでもない。

原爆の父と呼ばれた科学者、ロバート・オッペンハイマーは一九四五年一〇月、ホワイトハウスでトルーマンと面会し、「大統領、私は自分の手が血塗られているように感じます」と訴えた。これに対しトルーマンは「血塗られているのは私の手なのだから、私に任せるように」

ロバート・オッペンハイマー

と述べたという。

しかし、内心では怒りで腸《はらわた》が煮えくり返るようだったようで、米国務長官のディーン・アチソンに「あいつの手が血塗られているって？　冗談じゃない。あいつには私の手についている血の半分もついていないさ。泣き言を言うなんてけしからん」と吐き捨てたという。

「力」こそすべてが権力者の共通認識

軍事力を軸とした「力」への信仰もアレキサンダー大王の昔から「悪い奴ら」には共通している。「力」こそすべて、というのが権力者となった「悪い奴ら」に共通した認識であり、「力」を失えば、即失脚が待っているからだ。

北朝鮮の金《キム》王朝三代（日成《イルソン》、正日《ジョンイル》、正恩《ジョンウン》）も「先軍思想」（国政で軍事部門を最優先とする）

の信奉者であり、人民が飢えようと経済が停滞しようとおかまいなしで、核兵器開発とミサイル開発に国富のほとんどをつぎ込んできた。

中国の国家主席、習近平も「力」の信奉者であるのは、論を俟たない。

習近平は、中国共産党総書記に選出された直後の二〇一二年、アメリカンドリームをまねた「中国の夢」というプロパガンダを打ち出し、以降、これは習政権のキーワードとなっている。

「中国の夢」は、「中華民族の偉大なる復興」と「一帯一路」の二つの要素から成り立っている。

簡単に言えば、アジア・ヨーロッパ・アフリカを「一帯一路」として中国の勢力圏とし、軍事力と経済力をパワーアップして、中国を二十一世紀中に「世界一の強国」にしようという夢想に近い目標なのである。

「一帯一路」は、大日本帝国が戦時中に打ち出した「大東亜共栄圏」の焼き直しといっても過言ではない。

習政権は、改革開放路線に舵を切った鄧小平《とうしょうへい》時代以来の「韜光養晦《とうこうようかい》」（才能を隠して内に力を蓄える）路線をかなぐり捨てたのである。

南シナ海への強引な進出をはじめ、空母の増設、宇宙の軍事化など軍事力増強に邁進している。

田中角栄は真の「悪い奴ら」ではない

同じ「力」でも「金脈問題」で総理大臣の座を追われた田中角栄は、リベンジを果たすため派閥（田中派）の構成員を膨張させ、「数の力」と「カネの力」で復権を図ろうとした。

派閥を通じて自民党の支配を狙う「数の論理」は、昭和五三（一九七八）年の自民党総裁選で大平正芳《おおひらまさよし》政権を誕生させ、続く鈴木善幸《すずきぜんこう》、さらに中曽根康弘政権の中期まで「田中派支配」は続くことになる。

ところが、田中派の膨張は、あとから入会した「外様」を優遇することを意味した。昔から角栄を支えてきた竹下登、金丸信といった子飼いの部下に反乱を起こされることになり、角栄は病に倒れてしまった。

「人たらし」でもあり、与野党を超えて人気のあった角栄は（議員に人気があった大きな理由は、田中派に所属しているか否かに関係なく、破格の祝儀・不祝儀をはずむことにあったという）、実は猜疑心がそれほどなかったため、結果的に息子同然に目をかけていた小沢一郎にも裏切られることになった。真の意味では「悪い奴ら」には分類できないのかもしれない。

日本の歴史に「悪い奴ら」はほとんどいない

猜疑心の強さも「悪い奴ら」の共通項だ。

中国共産党内で力のあった胡錦濤《こきんとう》や江沢民《こうたくみん》の一派を無力化し、「永久政権」をつくりあげた習近平にとって、いま最も懸念しているのは軍部や治安機関によるクーデターだ。

習近平は、総書記就任以来、「ハエも虎も叩く」と反腐敗キャンペーンを強力に推進してきたが、二〇二三年には現役の国防大臣やロケット軍司令官が解任され、粛清は二〇二四年も続いている。彼らはもともと「習近平のお気に入り」で抜擢されたとされるだけに、習は誰も信用できない精神状態に追い込まれているのだ。

猜疑心の最も強い独裁者を一人挙げるとすると、スターリン以外にいないだろう。レフ・トロツキーをはじめとするライバルたちを次々と暗殺しただけではなく、「人民の敵」というレッテル一つで軍人や一般人を大粛清し、犠牲者は一九三〇年代だけで二〇〇〇万人にのぼるという。

同時にスターリンは、のちのＫＧＢにつながる諜報機関を整備した。

ウラジーミル・プーチン

スターリンのまごうことなき後継者が、KGB出身のプーチンであることは疑いようがない。

ここまで書くとおわかりのように、日本国において、「悪い奴ら」の五要件を満たす政治家は、戦国時代の織田信長あたりまで遡らなければならない。

せいぜい、江戸幕府がスタートしてからも目の上のたんこぶ的存在だった豊臣家を滅ぼすため奸計《かんけい》を用いた徳川家康が「悪い奴ら」に数えられる程度である。

明治以降の武人は、乃《の》木《ぎ》希典《まれすけ》に代表される「滅私奉公」の行動様式を理想として教育されてきた。

総理大臣だってそう。明治憲法下の総理大臣は、各省大臣の中での「首席」大臣というくらいの位置づけでしかなく、陸軍や海軍が組閣を拒否した例は枚挙にいとまがない。

そんな総理大臣が「世界征服」といった大それた計画を自ら企画・立案できるわけがなく、もちろん実行に移す権限もなかった。

絞首刑に処せられた元首相の東條英機や広田弘毅が、本当に「悪い奴ら」のボスだったら戦後の日本人はどんなに精神的に楽だったろう。

戦後のドイツ人が「悪いのはヒトラーやゲーリックで我々は騙されていた」と自己弁護したように、罪をすべて東條らに被せられたからだ。

「悪い奴ら」を無理やりでっち上げた東京裁判は、陸軍軍人と首相経験者計七人を絞首刑とした。欧米の常識では、ナチス・ドイツと同様、「悪い奴ら」が共同謀議を行い、侵略戦争を仕掛けた、という先入観をそのまま判決に反映させたのである。

2 「失われた三十年」をつくった善人たち

冷戦の最大の受益国は日本

昭和の終わりから平成初頭にかけ、ジャパン・アズ・ナンバーワンと持ち上げられ、浮かれていた日本国は、あっという間にバブルが崩壊し、ダラダラと緩やかな坂を三十年以上も下り続けた。

その結果、アメリカに次いで世界第二位だった国内総生産（GDP）は、中国のみならずドイツにも抜かれたのはご存じの通り。

少子高齢化によって地方は疲弊し、人口二十万人以下の地方都市の駅前は、ほんの一部の例外を除いてシャッター街と化した。

原因はもちろん一つではない。

経済成長の大きな原動力となった人口増が、第二次ベビーブームを最後に止まり、減少に転じたことも大きな要因だ。

だが、それと同等、いやそれ以上に国際情勢の激変と政治的要因、つまり日本政治の劣化が「失われた三十年」を導いたのは間違いない。

国際情勢の激変とは、冷戦の終結である。

昭和が終わり、平成が始まった一九八九年、ベルリンの壁が崩壊し、その二年後にソ連邦は地上から消えた。

冷戦最大の受益国が日本だったのは、論を俟たない。

敗戦後、悪性インフレと緊縮財政による大不況にあえいでいた日本経済は、一九五〇年に勃発した朝鮮戦争によってもたらされた「朝鮮特需」によって救われた。

日本は、米軍を中心とする国連軍の兵站《へいたん》基地として潤い、空襲で甚大な被害を受けた重工業が短期間で復活したのだ。

ベトナム戦争でもまた日本列島は、巨大な兵站基地となった。

一九六〇年代後半から始まった「北爆」と呼ばれた米空軍によるベトナム爆撃の主要基地が、米軍占領下にあった沖縄・嘉手納《かでな》基地だった。

嘉手納基地にも近い米軍那覇《なは》軍港などは、軍需物資の一大集積地となった。

トラックから電化製品、食料品、衛生用品に至るまで膨大な物資が日本で調達され、南ベトナムに運び込まれた。

ベトナム周辺のＡＳＥＡＮ（東南アジア諸国連合）各国や台湾もベトナム戦争の恩恵を受け、経済成長を果たしたが、トラックなどの工業製品は日本の独壇場で、ベトナム戦争は、高度経済成長を下支えしたのである。

冷戦後、牙をむくアメリカに対抗できる政治家が不在

冷戦が崩壊した一九九一年、ニューヨークで象徴的な出来事が起きた。アメリカの象徴ともいえるエンパイア・ステート・ビルを乗っ取り王・横井英樹が買い取ったのだ。

冷戦終結によって、アメリカにとって最大の仮想敵国であったソ連が消えてなくなったことで、今度は、経済大国・日本が、新たな標的となった。

何しろ一九八九年、企業の世界時価総額ランキングで、日本企業はトップ五十社のうち三十二社を占めていたのである（二〇二三年末でトップ五十社に入っているのは、三十九位の

トヨタ自動車のみ)。

このままでは、日本の経済植民地になりかねないと強い危機感を抱いたアメリカが、官民挙げて「日本つぶし」に立ち上がったのも無理はない。

東西冷戦下では、アメリカの前線基地でありかつ兵站基地であった日本が、東側陣営に走らぬよう、ある程度手心を加えていたのである。

悪名高い日米構造協議[※1]が始まったのが、ベルリンの壁が崩壊した一九八九年だったのは、偶然ではない。

もう一つは、日本の「政治力」が弱まり、アメリカの対日攻勢に対応できなかったことにある。

エンパイア・ステート・ビル

日米構造協議の開始を要求したジョージ・H・W・ブッシュ（父）大統領と会談した当時の首相、宇《う》野《の》宗祐《そうすけ》は、ほとんど抵抗できなかった。

何しろ当時は、リクルート事件の荒波をもろに受け、竹下登政権が退陣した直後である。「竹下傀儡《かいらい》」と呼ばれた宇野政権は、政権基盤が非常に弱く、準備万端で臨んできたブッシュ政権に太刀

ベルリンの壁　崩壊

打ちできなかったのである。

女性スキャンダルで支持率が急落、参院選敗北の責任をとって首相を辞任した宇野だったが、シベリア抑留の経験を持つ苦労人で、外相をそつなくこなすなど、並の政治家よりは有能だった。

だが宇野は、どちらかといえば「善人」の部類に入り、白を黒と言いくるめるような狡賢《ずるがしこ》い「悪人」ではなかった。

お人好しで騙されやすいのが「善人」

「失われた三十年」の大きな原因は、政治リーダーたちが、竹下登や小泉純一郎、安倍晋三といったごく少数の例外を除いて揃いも揃って「善人」揃いだったことにある。

一般社会での「善人」の存在は、尊ばれるとともになくてはならぬ潤滑油的役割を果たしている。

だが、生き馬の目を抜く政界では、時として、いや多くの場合、「善人」による政治はマイナスに作用する。

「善人」を辞書で引くと二つの意味が出てくる。

①善良な人。行いの正しい人。

②お人よし。だまされやすい人

（デジタル大辞泉より）

もうおわかりだろう。一般社会では、「善人」を通常、①の意味で使うが、永田町で「あの人は善人だ」と言う場合、ほとんどが②の意味で使われているのだ。

次節では、②の定義にそっくりそのまま当てはまる典型的な平成の「善人宰相」五人の軌跡を追ってみよう。

五人はすべて私が取材したことのある政治家たちで、正直言えば今さら批判がましいことを書くのは大変心苦しい。

試合がゲームセットし、勝敗がわかったあとで、監督の采配をあれこれ非難する野球ファンのようなものだが、勝負の世界も政治の世界も「結果」がすべてである。

五人の実例をお読みになれば、一国の宰相が「善人」であることが、いかに罪深いものであるかがおわかりいただけると思う。

※1 日米構造協議 日米貿易摩擦解消を目的に平成元（一九八九）年から平成二（一九九〇）年まで五次にわたって行われた日米二国間協議。アメリカ側は、円高ドル安になっても対日赤字が膨らむ要因を日本市場の閉鎖性にあると認識し、日本の経済構造の抜本改革と市場開放を強く迫った。最終報告でアメリカは「産業分野への投資より公共分野に投資するのが賢明だ」と主張し、日本のＧＮＰ（国民総生産）一〇％を公共事業に配分するよう要求した。これに沿って日本政府は十年間で総額四百三十兆円の「公共投資基本計画」を策定した。また、構造協議を受けて公正取引委員会の役割が強化されたほか、土地税制が大型店の出店を規制していた大規模小売店舗法の見直しが図られ、最終的に同法は平成十二（二〇〇〇）年に廃止された。

3　失われた三十年と「善人」宰相

中国の怪物化に手を貸す
海部俊樹　■一九三一～二〇二二

弁論術に秀でても演説の中身は空っぽ

海部俊樹《かいふとしき》という人物は、何事にも真面目に取り組み、裏表がなかった。

私は平成元（一九八九）年六月一日から産経新聞政治部に配属され、官邸記者クラブで二年間、首相番記者を務め、彼を間近に見てきたからそう断言できる。

海部は会社勤めの経験はなく、学生時代から代議士秘書を務め、政治家になった。政治資金をめぐるスキャンダルにはほとんど無縁で、当時の永田町では極めてまれな「クリーンな政治家」だった。

海部俊樹
出典：首相官邸ホームページ

学生時代、中央、早稲田の両大学の弁論部（早稲田は雄弁部）に所属し、「海部の前に海部なし、海部のあとに海部なし」と称賛されたほど、弁論術に秀でていた。

ただし、残念ながら弁論術には秀でていても演説の中身には独創的な発想はなかったという。

政治家としてのリーダーシップもほどほどにはあったが、カリスマ性には欠けていた。首相になるまでは、三木武夫《みきたけお》内閣の官房副長官として昭和五〇（一九七五）年に官公労が仕掛けたスト権ストで政府側のスポークスマンとして活躍したが、どちらかといえば、ボスに忠実に使える中間管理職といった役割を果たすことが多かった。

竹下派の「パペット内閣」

三木派の代議士、河野金昇《こうのきんしょう》の地盤を引き継いだ海部は、当然のごとく三木派に所属した。三木武夫政権では官房副長官として重用されたが、派閥が河本敏夫に禅譲されると、派内では坂《さか》本三十次《もとみそじ》ら河本側近議員が台頭し、微妙な立ち位置となった。

そんな海部に目を付けたのが、早稲田雄弁会の先輩、竹下登だった。竹下は何くれとなく海部の面倒を見、竹下派旗揚げ後は、「現住所・河本派、本籍・竹下派」と仲間の代議士や記者たちから揶揄《やゆ》されたほど。

だからこそ、リクルート事件などで国民の政治不信が頂点に達し、竹下内閣に続いて宇野宗佑内閣が倒れたあと、竹下が「隠し玉」として海部を説得して次期総裁に担いだのもむべなるかな。

これに対し海部が所属していた河本派は、反発し、領袖《りょうしゅう》の河本敏夫は自民党総裁選に出馬の構えをみせたが、当時は竹下派の全盛時代。「経世会にあらずんば代議士にあらず」の流れに抗することはできず、しぶしぶ「海部首相」を容認した。

そうしてできた海部俊樹内閣が、竹下派の「パペット（操り人形）内閣」だったのは言うまでもない。

幹事長に竹下派のホープだった小沢一郎が起用された自民党の党三役のみならず、第一次海部内閣の主要閣僚人事は、「竹下と金丸信、それに小沢の三人で決めた」と噂されたほど。

重要な政策決定の前には、必ず竹下、金丸両人の了承を得る必要があった。

首相時代の海部は朝早く起き、ＮＨＫニュースを横目に見ながら全国紙五紙すべてに目を通していたという。

自分があずかり知らぬところで、つまり竹下―金丸―小沢ラインが勝手に政策を決め、メディアにリークしているのが心配だったのと、政府関係の案件で竹下、金丸に伝えていないことが紙面に載っていると、朝一番で両人に電話で説明しなければならなかったからだ。

当然、幹事長の小沢の発言力が増し、首相（自民党総裁）の海部が、部下であるはずの小沢に気を遣う場面に何度も遭遇した。

小沢一郎　© 産経

このころ番記者の間では、小沢が「担ぐ神輿《みこし》は軽くてパーがいい」と酒席で語ったという噂がまことしやかに語られていた。

「いっしょうけんめいカイフくん」

だが、彼は与えられた「総理大臣」の役割を懸命に果たそうとしていた。

週末も「視察」と称して地方や都内に出かけるのは当たり前だった。たまの休みが、毎週のようにつぶれた番記者は「サンデー・トシキ」(このころ、プロ野球ロッテの投手、村田兆次が日曜ごとに登板し、「サンデー兆次」と呼ばれていた)と呪詛《じゅそ》していた。

ちなみに「働き方改革」なんて洒落た言葉がなかった当時、若い政治部記者の平日は、早朝から深夜までセブンイレブン(午前七時から午後十一時まで)どころか、シックスワン(午前六時から翌日午前一時まで)の「十九時間労働」が当たり前だった。

そんな海部の一生懸命さが、「いっしょうけんめいカイフくん」(昭和の終わりに『いっしょうけんめいハジメくん』という人気サラリーマン漫画があった)と揶揄されながらも徐々に国民の共感を呼び、平成二(一九九〇)年二月の総選挙で自民党は勝利を収めた。

海部の働きによって自民党は蘇生したのである。

世界に災厄を招いた中国への円借款再開

そんな何事にも一生懸命な彼が、真剣に取り組んだ外交課題が、中国への円借款再開だった。

しかもこれが「成功」してしまったことが、その後の日本と世界に厄災をもたらすことになるのだが。

海部政権が誕生する前の平成元（一九八九）年六月四日、北京で民主化を求めた学生たちを武力で鎮圧、多数の死傷者が出た天安門事件が起きた。

欧米各国は、即座に対中経済制裁に踏み切り、日本も足並みを揃えて第三次円借款の供与を凍結した。

第三次円借款は、竹下が首相時代に訪中した際に約束したもので、中国の近代化支援のため水力発電所や鉄道、港湾整備のため一九九〇年から六年間で総額八千百億円を供与することを予定していた。

中国側は、先進各国の制裁を解除させるためには、包囲網の中で日本が最も脆弱《ぜいじゃく》だと分析。

特に第三次円借款は喉から手が出るほどほしく、円借款凍結解除へ向けてまず、日本の財界に攻勢をかけた。

天安門事件が起きてから五か月後の一九八九年一一月。

当時の中国首相、李鵬《りほう》は、経団連会長、斎藤英四郎が最高顧問を務めた日中経済協会訪中団と会見し、円約款再開へ向け「公表せず、作業を少しずつ始めたらどうか。公表すれば欧米の反響が必ず出るだろう」と述べ、秘密裏に日本側が調査団を送るよう求めたのだ。

これに対し訪中団は「進めてほしい」と易々《やすやす》と中国側の提案に乗った。

斎藤らは帰国後、外相の中山太郎に「いま動けば将来十倍、百倍得るものがあろう」と進言したのである。

日本が率先して中国に助け舟を出せば、日本企業が将来、十倍、百倍の利益が得られるという皮算用をはじいたのだろうが、なんと浅はかだったことか。

新日鉄社長として上海宝山鋼鉄誕生を全面支援した斎藤は、当時は豪放磊落《ごうほうらいらく》な「大物財界総理」と持て囃《はや》されたが、しょせんは未来が見えないただのサラリーマン社長だった。

新日鉄の後継、日本製鉄は二〇二四年、上海宝山鋼鉄と縁を切った。日本最大の「親中企業」は、ようやく中国を全面支援した愚を悟ったのである。

円借款再開は竹下の指導によるものか

当然のごとく第三次円借款を約束した竹下は、早期再開を強く海部に求めたとみられる。「みられる」と書いたのは、何事にも慎重な竹下が、明示的な証拠を残していないからだ。財界とのパイプが細かった海部が、財界の意向だけで動いたとは到底考えられない。文教族出身の海部自身は、首相になるまで外交に関しては素人同然だった。海部を陰に陽にバックアップした外相の中山も当初は財界の要請に冷淡だった。

ところが、年が明けると状況は一変する。

財界の要請を受けた竹下が、海部に円借款再開へ活発に動くよう「指導」したことは、想像に難くない。

日中国交正常化を主導した田中角栄が病に倒れ、再起不能になって以来、中国との利権の窓口を竹下派が一手に握ることになったからだ。

海部は竹下と財界の「指導」を受け、円借款凍結解除へ向け一生懸命に働いた。

平成二（一九九〇）年一月、海部は欧州を歴訪し、対中制裁解除を熱心に説いて回った。西ドイツでは首相のヘルムート・コールに「中国の孤立化を避けねば。（中国側は）改革開放堅持を述べており、西側も手を差しのべるべきだ」と述べた。

さらに海部は「中国では政権が脆弱化し、経済は悪化。東欧情勢の影響が加わり、指導部は神経をとがらせている」と中国の立場を理解するよう求めている。東欧情勢とは、前年末にルーマニアで政変が起こり、大統領のニコラエ・チャウシェスク夫妻が処刑されたことをさしている。

コールとの会談翌日、日本政府は外務省幹部を一月中旬に訪中させると発表。円借款再開への地ならしであるのは誰の目にも明らかだった。

方励之

二か月後に行われた日米首脳会談でも当時の米大統領、ブッシュ（父）に円借款再開の必要性を訴えた。
実はブッシュも日米首脳会談前に大統領補佐官のブレント・スコウクロフトを密かに二度も訪中させ、制裁解除の道を探っていたのだが、米議会の反対もあって表向きは制裁解除に慎重な姿勢をみせざるを得なかったのである。
ブッシュは、「方励之《ほうれいし》問題など一、二の措置が取られれば、米国も少し動ける」と海部に告げ、日本が水面下で中国側と折衝するよう求めた。

方励之は、中国の民主化運動を象徴する学者で、当時は北京の米大使館内で保護されていた。海部はすぐに外務省に指示して、水面下の交渉を続け、中国側も六月に方の出国を認めた。これを受けて海部は、七月に開かれたヒューストンサミットで円借款再開を表明した。欧州各国は難色を示したが、ブッシュが同意したことで円借款は再開される運びとなった。元番記者として「海部外交大成功」と書きたいのはやまやまだが、実際は中国側の巧みな日本切り崩し策が奏功したのである。

瀕死の独裁国家のどす黒い野望に気づかなかった

翌年、海部は天安門事件以降、初めて西側諸国の首脳として訪中し、日中友好を確認した。巨額の円借款を得た中国は、経済成長の足場を築き、瞬く間に強大な軍事大国となった。あのとき日本が、西側諸国と足並みを揃えて制裁を続けていれば、世界情勢はかなり違っていたはずだ。

「善人宰相」海部は、瀕死の独裁国家が密かに隠し持っていたどす黒い欲望に気づかず、蘇生させてしまったのである。海部の「功績」である円借款凍結解除は、今も日本と世界を苦しめている。

政治の世界で、真面目に一生懸命やることが、必ずしも良い結果をもたらすものではない好例である。

宰相たるもの、「悪」をもいとわぬ行動力とともに、将来を見据えた狡猾《こうかつ》で冷徹な目を持たねばならないのだ。

決断できなかった衆院解散
羽田 孜 ■一九三五〜二〇一七

来るものを拒まない姿勢

一生懸命さと人柄の良さで、海部と勝るとも劣らないのが、羽田孜《はたつとむ》という政治家だった。

成城大学経済学部を卒業した彼は、小田急バスに入社し、観光バスの添乗員を務めた経験もある。獰猛《どうもう》な猛禽類《もうきんるい》揃いの竹下派にあって、羽田は特異な存在であった。

政治改革運動華やかなりしころ、今はなき東京・九段の衆院議員宿舎にあった羽田の部屋には、毎晩のように記者たちがわんさか押しかけていた。

なにしろ小沢一郎や金丸信といった当時の竹下派幹部は、「一見《いちげん》さんお断り」だった。社会部記者はもちろん、他派閥担当の記者が取材に訪れても一言も話さないばかりか、古手の番記者が「遠慮してくれないか」とすごんで〝異物〟を排除していた。

番記者になっても最初のうちは、朝早く政治家の自宅前に立って「おはようございます！」と挨拶をするだけ。夜も遅くに帰ってくるまで待って「お疲れさまでした！」で終わり。

そうした「修行」を何か月も積んだあとで、ようやく古手の番記者とともに「懇談」の場に入れるというわけ。

羽田孜
出典：首相官邸ホームページ

そんな竹下派の中にあって、羽田邸は（といっても議員宿舎だが）来るものは拒まず、他派閥記者も含めて千客万来だった。

私もちょくちょくお邪魔したが、まあ、話の内容のほとんどは、政治改革に関するもので、政局の機微に触れるものはあまりなかった。というか、ほとんどなかった。

竹下派七奉行の一人ではあったが、本当に重要な事項は、平成五（一九九三）年に派閥が分裂するまで竹下、金丸、小沢の三人で実質的に決めていたからだ。

やむなくつくった新生党

そんな羽田を担いだのが、小沢一郎である。

平成四（一九九二）年八月、東京佐川急便事件が発覚し、政界で絶大な力を誇っていた竹下派会長の金丸信が、議員辞職に追い込まれた。事件の処理をめぐって小沢は、竹下派七奉行の一人、梶山静六《かじやませいろく》から激しく攻撃され、次期会長の座をめぐって「一六戦争」と呼ばれる抗争に発展した。

結局、派閥のオーナー的存在だった竹下が、次期会長に小渕恵三を選び、抗争に敗れた小沢は羽田を会長に担いで新たな派閥をつくった。

海部政権で「神輿は軽くてパーがいい」を実践した小沢は、羽田は海部と同じ資質を持っているとにらんだのだろう。

確かにそうだった。

羽田は、政治改革の必要性をより一層、訴えるようになり、彼は政治改革のシンボル的存在となった。

宮澤喜一内閣不信任案に羽田派三十四人は全員賛成票を投じ、不信任案は成立した。

当初は、その後も自民党内に残って主導権を握ろうとした小沢だが、不信任案に反対した同じ政治改革派の武村正義《たけむらまさよし》や鳩山由紀夫らが自民党を離党して新党さきがけを立ち上げたのが誤算だった。

世論は湧きあがり、「やむなく新党をつくらざるを得なかった」（羽田派幹部）のである。

当然、横滑りで羽田は党首となり、新党の名前を「創新党」にしようと提案したが、却下され、「新生党」となった。

党首の提案が通らない新党の実権がどこにあるか、誰の目にも明らかだった。

総理のポストを望まないお人好し

平成五（一九九三）年七月に行われた衆院選で自民党は過半数を割った。

それでも圧倒的な第一党だったため、自民中心の連立政権が樹立される可能性もあったのだが、宮澤自民党は戦意を喪失し、連立政権づくりの主導権は小沢に移った。

メディアは当初、羽田を次期首相の本命として報道したが、小沢は早い段階から日本新党の細川護熙《ほそかわもりひろ》に目をつけ、極秘会談で「細川政権」樹立へ向け同意を取り付けていた。

このとき新生党は、総選挙で日本新党を上回る五十五議席を獲得しており、普通の政治家なら「俺が総理になる」とごねるところだが、羽田は小沢の言う通りに従った。

「善い人」羽田孜の真骨頂である。

細川護熙内閣で羽田は副総理兼外相に起用された。この年の九月、私は外相と同行して戦火が消えて間もないカンボジアを訪ねたが、慣れない外交を文字通り一生懸命やっていた。このころが、政治家としての彼の絶頂期だったかもしれない。

そんな羽田が、総理大臣になる日は意外に早くやってきた。

細川護熙
出典：首相官邸ホームページ

細川政権が、首相の金銭スキャンダルで一年も持たなかったのである。

ここで小沢は、大技を仕掛ける。自民党の渡辺美智雄を「総理にするから」と口説いて派閥ごと自民党を離党させ、社会党を連立政権から追い出す「連立組み替え」を画策したのだ。だが、あとわずかのところで、渡辺は同派の代貸《だいがし》的存在だった山崎拓《やまさきたく》に猛反対された上に渡辺の健康状態もあって立ち消えになった。怒った社会党は連立を離脱し、与党が過半数を大きく割り込んだ最悪の状況で、政権を引き受けた。

羽田は社会党の政権復帰に尽力するが、水面下で野中広務《のなかひろむ》や亀井静香《かめいしずか》らによって「自社連立」工作が進行していたのでは、復帰するはずもなかった。

衆院解散をできなかったのが運命の分かれ道

平成六（一九九四）年六月、自民党は内閣不信任案を提出し、羽田は衆院解散か総辞職の二者択一を迫られた。

羽田はもちろん衆院を解散し、国民に信を問おうとしたが、小沢は首を縦に振らなかった。小沢は、羽田に総辞職させたうえ、首相を選ぶ首班指名選挙までに、かつて仕えた海部俊樹を口説いて自民党から離党させ、海部を首相候補に担いで自民党を分裂させようとしたのである。

羽田と小沢の二人の話し合いは、首相官邸内で断続的に十時間行われた。

このとき、羽田が衆院解散に打って出ていたら、衆院選に勝利し、羽田政権は継続していただろうと私は今でも思っている。

だが、羽田は小沢の説得を最終的に受け入れてしまった。「善人宰相」の限界だったのかもしれない。

羽田の首相在職日数は、わずか六十四日と超短命内閣に終わった。

「平時の羽田」が乱世に登板した不幸

確かに海部は、小沢戦略に乗って自民党を離党し、非自民勢力に担がれて首相候補となった。一時は元首相、中曽根康弘まで海部に投票しようとしたが、自社連立派の必死の巻き返しで、中曽根は思いとどまり、社会党委員長、村山富市がポスト羽田の座に就いた。羽田の政治家人生は、事実上、ここで終わることになる。

かつて金丸信は「平時の羽田、乱世の小沢、大乱世の梶山」と評したが、「乱世」に登板したのが、彼の不幸だった。

羽田は、小沢とともに新進党結成に参加するが、党首選で小沢は海部を推し、またしても裏切られる。

さすがに怒った羽田は、同志と脱党し、太陽党を結成するが長くはもたず、民主党と合併する。民主党では幹事長を務めたが、ほどなく棚上げされてしまった。それでも夜な夜な訪ねてくる記者たちにはついぞ愚痴をこぼさなかった。もちろん、小沢の悪口も聞いたことがなかった。

晩年は病に倒れたが、最期まで「羽田孜」を演じきった忘れ難き政治家の一人ではある。

大震災に遭遇した好々爺

村山富市■一九二四〜

戦後最大の「善人」首相

村山富市
出典：首相官邸ホームページ

戦後すべての首相経験者のうち、最も「善人」度が高いのが、村山富市《むらやまとみいち》だろう。

細川政権の連立政権下、私が担当した社会党委員長時代の村山は温厚な性格で（小沢一郎が社会党はずしをしたときには激しく怒っていたが）、好々爺《こうこうや》という表現がぴったりとあてはまった。彼が社会党のトップでなかったならば、政策的に水と油だった自民党と社会党がくっつき、さきがけを含めた三党による連立政権は成り立たなかった。

政権樹立に際して村山が、それまでの社会党の政策とは一八〇度異なる自衛隊合憲や原子力発電の容認どころか、日米安保体制の堅持まで明言したのには、私でさえ腰を抜かすほど驚いた。それでも社会党がすぐには分裂しなかったのも「トンちゃん」こと村山の人徳のなせる業だった。

阪神・淡路大震災で最大の失策

だが、村山は総理大臣として大きなミスを何度も重ねた。

なかでも最大の失策は、平成七（一九九五）年一月一七日午前五時四六分に起きた阪神・淡路大震災への対応だった。

そもそも発生の一報が首相に届けられた時間が今もはっきりしない。当時、災害対策を所管していた国土庁（現・国土交通省）には大震災などに対応する危機管理のための当直システムがなく、当時は、一報をNHKで知った秘書官が、午前六時過ぎに村山に伝えたと広報された。

だが、悪いことは重なるもので、一月一七日は、「自社さ」連立政権といいながら自民党主導の政権運営ぶりに反発を強めていた社会党右派の山花貞夫らが離党し、新党を結成しようとしていたのだ。

社会党の分裂騒動に心を痛めた村山は、不眠の日々が続き、前夜は睡眠導入剤を飲んでいたとされ、一説には発生から約二時間後にようやく事態を把握したという。

一月一七日の早朝、官邸は機能不全だった。影の首相と呼ばれた事務方の官房副長官、石原信雄が、早朝の散歩中にラジオで一報を聞き、神奈川県・あざみ野からタクシーを飛ばして官邸入りしてからようやく非常災害対策本部を立ち上げた。

震災対応のための臨時閣議が開かれたのは、午前十時になってから。当然の如く、自衛隊の出動は遅れ（兵庫県から自衛隊への出動要請も遅れた）、村山は大きな批判を浴びた。

初動の遅さを国会で追及された村山は、「何分《なにぶん》初めてのことで……」とつい、本音を漏らし、追求の火に油を注いだ。

ただ、村山のために一言、弁護すれば、初動にあたる発災後七十二時間の対応はゼロ点だったが、復旧復興対応は、子細を担当大臣に起用した自民党の小里貞利《おざとさだとし》が即断即決できるよう大きな権限を与えたのをはじめ、おのおのの大臣が復興対策をやりやすいよう環境を整えた上で結果責任はすべて自分が負う姿勢を貫いた。東日本大震災後、福島原発事故の対応で「俺が、俺が」としゃしゃり出て、現場を大混乱させた菅直人《かんなおと》に比べて、かなり立派だった。

発災から一年経ったのを機に首相の座を自ら降りる決断をしたのも権力に固執しがちな並の政治家にはできない見事な出処進退であったことは、「善人政治家」の矜持《きょうじ》を示したといっても過言ではない。

ちなみに宰相でも善人でもないので、今回は俎上《そじょう》にあげなかったが、村山政権を副総理兼外相として支えた河野洋平のほうがもっと罪深い。

「村山談話」という大罪

河野洋平は、村山内閣のもう一つの大きな失策である「戦後五十年談話」の閣議決定を後押ししたのである。

戦後五十年談話とは、戦後五十周年にあたる平成七年八月一五日に閣議決定された首相談話で、日本の「植民地支配と侵略」を認め謝罪したもので、村山政権で唯一、社会党色を出している。

当然、自民党内には、表現の修正や撤回を求める反対論が渦巻いたが、河野はあっさり容認した。しかも「村山談話はきわめて貴重な、政治的な宝である」と自画自賛した。

宮澤政権の官房長官時代もろくに調べもしないで、慰安婦問題でも「官房長官談話」を出して今に至るまで禍根を残した。

翌年の自民党総裁選で出馬断念に追い込まれたのは、自民党の自浄作用が働いたといえよう。

親殺しできず、不況招く
橋本龍太郎 ■一九三七～二〇〇六

経世会で異彩を放つ

生前、彼には「善人政治家」とはほど遠い「怒る、威張る、拗《す》ねる」気《き》障《ざ》な男というレッテルが貼られていた。

他派閥を担当していた私もそういう偏見を持っていたが、実際に官邸クラブで橋本政権を取材した経験からいえば、それは橋本龍太郎のある側面をかなりデフォルメしたものだったことがわかった（もちろん、「怒る、威張る、拗ねる」ことがなかったわけではない）。

彼のオーストラリア、ニュージーランド公式訪問に同行したが、政府専用機の後方にある記者席（ファーストクラス以上の設備を備えた首相らが乗るＶＩＰ席は前方にあり、こちら側からは行き来ができなかった）に二度ほど顔を見せ、愛想を振りまいていたのが印象に残っている。

彼を長く取材した同僚に聞くと、「本当にピュアな人間だったし、大変な勉強家だった」と今も絶賛する。

橋本龍太郎
出典：首相官邸ホームページ

事実、所属していた経世会（竹下派）の中では異彩を放っていた。

田中角栄が率いた木曜クラブ（田中派）の中心メンバーだった竹下登を総理総裁にしようと、派内クーデターを起こして結成された経世会は、金丸信や小沢一郎、梶山静六といった武闘派の面々が揃った。

そんな経世会にあって橋本龍太郎は、小沢一郎ら仲間からは煙たがられていた。

「女性にもてすぎる」ハシリュウ（橋本は生前、こう呼ばれていた）に対するもてない男たちの嫉妬心も大いにあったが、直情径行を地でいく性格が、謀《はかりごと》には不向きだ、とみられていたのだ。

昭和五九（一九八四）年一二月一八日、竹下、金丸に小沢、梶山、小渕恵三、羽田孜、遠藤要の七人が集まり、赤坂のフランス料理屋で開かれた「秘密会合」（次期自民党総裁選に竹下を擁立する方針を決めた）に呼ばれなかったのが、何よりの証拠だ。

そう。東京佐川急便事件の処理をきっかけに経世会が分裂するまで、肝心なときにいつもはずされるのが、ハシリュウだった。

経世会が政権を決めた時代

平成元（一九八九）年六月、竹下政権がリクルート事件と消費税創設のダブルパンチで退陣。竹下亜流として登場した首相、宇野宗祐も参院選に大敗し、その責任をとって辞任を表明したあと、後継首相選びは、混迷しつつも当時自民党幹事長を務めていた橋本が本命視されていた。

ところが、小沢ら経世会幹部の一部が、ハシリュウの女性関係を週刊誌が追っているとの理

金丸信　©産経

由から強く反対した。前任の宇野が、「三本指」問題といわれたセックス・スキャンダルに見舞われ、参院選大敗につながったからだ（実際には、このときハシリュウの醜聞が有力週刊誌に報じられることはなかった）。

同年七月三〇日夜、東京・元麻布の金丸邸で開かれた次期首相候補を誰にするか話し合う緊急の経世会幹部会議にも、ハシリュウは呼ばれなかった。

小沢や梶山、奥田敬和ら橋本を除く竹下派七奉行が揃ったこの夜の会議で、総裁選への橋本不出馬と河本派の海部俊樹を経世会が推す方針が決まった。

会合の席上、経世会の会長だった金丸は、「橋本君にはもう少し人間修行をしてもらう」と発言したという。

当然の如く、海部は自民党総裁選で圧勝、後継首相に就いた。経世会の一存で、政権が決まった時代だったのだ。

勉強熱心と「善人」が仇に

海部内閣では大蔵大臣を務めたが、あまり印象に残っていない。

ここからしばらく雌伏《しふく》の時期を過ごすが、東京佐川急便事件をきっかけとした竹下派分裂と平成五（一九九三）年総選挙での自民党敗北、下野《げや》が結果的に幸いした。

最大のライバルだった小沢一郎が、竹下派を出て行ってから新生党をつくり、竹下派はハシリュウの数少ない盟友である小渕恵三が会長として金丸信の跡を継いだからだ。

野党時代に力を蓄えた彼は、自社さ連立政権、つまり村山政権下の平成七（一九九五）年九月に実施された自民党総裁選に満を持して出馬した。当初は現職総裁だった河野洋平との一騎打ちが予想されたが、河野の地盤であるはずの宏池会が、ライバルの加藤紘一が橋本支持で動いたこともあって「河野支持」で一本化できず、立候補を断念した。

ここで勝負あり。橋本は小泉純一郎を大差で破って第十七代自民党総裁に就任した。

翌年一月には村山が突然辞任を表明し、橋本は禅譲される形で宰相の椅子に座った。

平成元（一九八九）年の参院選では、自民党幹事長として選挙戦の采配を振るって惨敗したが、自民党総裁選と首班指名選挙は、比較的すんなりと突破した。

宰相・橋本龍太郎の問題は、勉強熱心過ぎたのと、本質的に「善人」だったことにある。

橋本を利用した大蔵省

橋本は、首相になるまでに厚生、運輸、大蔵（現・財務）、通産と外務を除く主要閣僚をすべて経験していたが、いずれの大臣になっても部下の官僚から事細かくレクチャーを受け、人一倍勉強熱心だったという。

この勉強熱心さを利用したのが、大蔵省である。大蔵省は幹部を総動員して「このままでは日本は財政破綻してしまう」と熱心に説き、平成九（一九九七）年四月一日、村山内閣で内定していたとはいえ消費税を三％から五％に引き上げてしまった。

それだけではない。

竹下登
出典：首相官邸ホームページ

同年一一月には「財政構造改革法」を成立させた。同法によって赤字国債を毎年度削減するなど財政再建路線をとり翌年度予算案も緊縮型としたが、その直後から景気減速が顕著になり、北海道拓殖銀行や山一證券が経営破綻してしまった。

長期デフレーションの扉をハシリュウが開いてしまったのである。

彼が「悪党」政治家だったならば、消費税増税を「前の政権が決めたことだから」と反古《ほご》にしただろう。

よしんば実施したとしても山一證券が自主廃業を発表した一一月二四日には君子豹変し、増税分の廃止を決めたはずだ。

消費税を導入したのが、橋本の後見人的存在で、当時健在だった竹下登だったので、増税取りやめに踏み切ろうにも踏み切れなかったのかもしれない。

ギリシャ神話の昔から「親殺し」をしなければ、真の王者になれない。本当は心優しいハシリュウは「竹下殺し」ができなかったのである。

結果、消費税増税によって税収は約四兆円増えたが、二年後には所得税収と法人税収の合計額が約六兆五〇〇〇億円も減り、消費増税効果を消し飛ばしたばかりか、マイナスになってしまった。

自民党は、平成十（一九九八）年夏の参院選で敗北し、橋本は潔く退陣する。こういうところも地位に恋々としない「善人政治家」ぶりをみせているが、同年度の名目GDPは、前年度比マイナス二%(約一〇兆円)も落ち込み、深刻なデフレとともに就職氷河期を招いてしまった。

もし悪党政治家であったなら

晩年、橋本は「私は平成九年から一〇年にかけて緊縮財政をやり、国民に迷惑をかけた。私の友人も自殺した。本当に国民に申し訳なかった。これを深くお詫びしたい」「財政再建のタイミングを早まって経済低迷をもたらした」と語ったという。

橋本は、ロシア大統領ボリス・エリツィンと個人的信頼関係を結び、北方領土返還交渉を進展させたが、あと一歩のところで退陣を余儀なくされた。

彼がもう少し「悪党」政治家であってくれたなら、その後の日露関係も劇的に変わっていたはずだから、大蔵官僚の罪は重い。

安倍晋三が、第二次政権発足からは財務省をまったく信用せず、独自の「アベノミクス」を打ち出したのも橋本政権を反面教師にしたためだろう。そういう意味では、橋本の蹉跌《さてつ》は後世の教訓となったといえよう。

鳩山由紀夫■一九四七〜

ルーピー首相の悲劇

「友愛」が政治信条の「迷宰相」

戦後最悪の総理大臣は誰か、という世論調査があれば、鳩山由紀夫はトップスリーに必ず入るであろう「迷宰相」だった。

迷宰相であったのは間違いないが、「善人政治家」だったのも確かだ。

政治信条はもちろん「友愛」精神である。

「リベラルは愛であり、この愛は友愛である」が口癖だった祖父、鳩山一郎の影響を受けたものだが、そのもとはオーストリア・ハンガリー帝国の駐日大使だった伯爵、ハインリヒ・クーデン・ホーフ＝カレルギーの息子であるリヒャルド・クーデンホフ＝カレルギーの著作『自由と人生』の中で唱えられている。

鳩山は、友愛の精神を「自愛が利他を生む。意見を異にしても許容し、他者の品格を信頼し、友情を結ぶことができるという自己の尊厳が友愛精神の本質だ」と説いている。

このように恥ずかしげもなく「友愛」を唱え続けたこと自体、「善人政治家」の基準にぴったりあてはまる。

鳩山由紀夫
出典：首相官邸ホームページ

そのころ矍鑠《かくしゃく》としていた元首相、中曽根康弘は「愛とか友愛とかいって、政治はそんな甘っちょろいものではない。お天道様の陽に当たれば溶けてしまうソフトクリームのようなものだ。政治的な企《くわだ》ては、密かに行い、ここぞと思うときに一気に打ち出すものだ」と喝破していたのを今でも思い出す。

やはり、大勲位の見立てのほうが正しかった。

他人の言うことを真に受け発言が変わる

鳩山は、首相在任中、米軍普天間《ふてんま》飛行場の移転問題をめぐっての対応で、「ワシントンポスト」のコラムに「ルーピー（loopy）総理大臣」と書かれたのをきっかけに、日本でも愛称が「ルーピー（間抜けな）」となったのもご愛敬。

だが、担当記者（わずかな間だったが）の贔屓《ひいき》目に見れば、ルーピーというよりも他人に騙されやすい夢想家、という印象が強い。

彼は、その時々で発言の内容がかなり異なっているが、元側近によると、「他人を信じやすく、直前に聞いた話をそのまま自分の考えとしてしゃべるケースが多かった」と語っている。

確かに米軍普天間飛行場移転問題でも「最低でも県外」と大見えを切ったかと思えば。外務、防衛当局のレクチャーを集中的に受けたあとは「学べば学ぶにつけて、（米海兵隊の各部隊が）連携し抑止力を維持していることがわかった」と述べ、前言を撤回している。

歴史認識問題もそうだった。

首相を退任したあと、平成二七（二〇一五）年八月一二日、訪韓した鳩山は、日本統治時代に朝鮮の独立運動家らが収監されていた西大門刑務所の跡地を訪れた。

独立運動家らを顕彰したモニュメントに献花した鳩山は、いきなり靴を脱ぎ、膝《ひざ》を屈して額《ぬか》ずき、手を合わせた。

あっという間の出来事に同行者は目を丸くしたが、本人はその後、ソウル市内で開いた記者会見で「日本が貴国（韓国）を植民統治していた時代に、独立運動家らをここに収容し、拷問という ひどい刑を与え命を奪ったことを聞き、心から申し訳なく思っている。お詫びの気持ちをささげていきたい」と述べた。

なんともナイーブな善人ではある。

他人の言うことを「友愛」精神を発揮して素直に聞き、その通りだと思って行動に移す彼の気質は、政治家向きではなく、いわんや宰相にはまったく向いていなかった。

鳩山家のブランドと財力が生んだ「ルーピー宰相」

鳩山は小石川高校から東京大学工学部計数工学科を卒業、スタンフォード大学大学院博士課程を修了した「理系のひと」。

東京工業大学助手を経て専修大学経営学部助教授に就任したのだが、弟の鳩山邦夫が衆院選に出馬して当選、祖父のように総理大臣を目指して出世街道を走り始めたのが、どうやら刺激になったらしい。

三十七歳のとき専修大学を辞め、昭和六一（一九八六）年の総選挙で、あまり本人とは縁がなかった旧北海道四区から自民党公認候補として出馬して当選した。

歴史にイフはないが、政治は弟に任せてアカデミズムの世界に残っていたほうが、本人のためにも日本のためにも良かったのではないか。鳩山家のブランドと財力が、夢見る「ルーピー宰相」を生んでしまった。

民主党政権を生んだメディアと国民の責任

鳩山政権が、発足からわずか九か月弱しか持たなかったのは、この国にとって幸いだった。

だが、その後も民主党政権は、菅直人、野田佳彦《のだよしひこ》の二代、計三年三か月も続き、「失われた三十年」

を決定づけてしまった。

そんな鳩山政権が発足した直後の支持率は七〇%を超えていた。

天下分け目となった平成二一（二〇〇九）年の総選挙前、産経、読売両新聞を除くと、民放テレビを含めてほとんどのメディアが、自民党から民主党への政権交代があたかも「善」のように報道した。

政権公約と訳された「マニフェスト」も大流行となり、マニフェストづくりに熱心に取り組んだ民主党に追い風が吹いた（結局、このマニフェストが民主党政権発足後、「選挙で約束したことがまったくできていない」という民主党に投票した有権者の強い不満を買うことになるのだが）。

このときのメディアは常軌を逸していた。同時にメディアに踊らされて民主党に投票してしまった当時の有権者もまた大いなる責任を有しているのである。

4　マルクス学者は政治家になってはならぬ

学者は政治家に向いていない

職業選択の自由は、数ある自由権の中でも封建時代の身分制度的拘束から解き放つ画期的なものだった。

江戸時代、殿様の家に生まれたら殿様、医者の倅《せがれ》は医者、百姓の子は百姓と生まれたときから職業は決まっていた（だからこそ下克上は珍しかった）。

日本国憲法でも第二十二条第一項で「何人も、公共の福祉に反しない限り、居住、移転及び職業選択の自由を有する」と明記されている。

もちろん学者が政治家になっても「職業選択の自由」の見地からいって何の不思議もない。

だが、はっきり言おう。学者は政治家に向いていない。

人文系の学問は、結果が既に出ている事象をああでもない、こうでもないと分析し、屁理屈のような「理論」を導き出す手法をとるのがほとんど。

つまり、「死体解剖」の仕方と「机上の空論」をこねくり回すのは得意だが、常に変化する現実と向き合い、課題に即対応せねばならない政治の実務をこなすのは至難の業《わざ》だ。やはり餅《もち》は餅屋なのである。

学者の中でも国際政治学者は、現実の国際政治が研究の対象なので、比較的政界との敷居は低い。

舛添要一《ますぞえよういち》、猪口邦子《いのぐちくにこ》は、本業の国際政治学でそこそこ実績をあげてから政界に転身し、舛添は東京都知事、猪口は少子化・男女共同参画相を務めた。

それでも舛添は、公用車の私用問題などをめぐって都民の批判を浴び、任期途中で辞任を余儀なくされ、猪口も政界で目立った業績をあげていないのは、ご存じの通り。

国際政治学者でも政界で業績をあげるのは難しいのに、マルクス主義や毛沢東主義にかぶれた学者が政治家になるのは、八百屋で魚を売るようなもの。特に都道府県知事は、やってはいけない。

「マル経」は学問でさえない

そもそもマルクス主義経済学は、学問というよりもイデオロギー（政治思想）ともいうべき存在で、学問とは言い難い。

カール・マルクスとフリードリヒ・エンゲルスは、一八四八年に「共産党宣言」を発表した。「共産党宣言」を簡単にまとめると、人類の歴史は、自由民と奴隷、領主と農奴、資本家と労働者など階級闘争の歴史だと規定。

資本家から搾取されているプロレタリアートがブルジョワジーから政治権力を奪取し、生産手段など資本を社会全体の財産に変えれば、階級対立がなくなり、一人ひとりの自由な発展が、すべての人の自由な発展につながる協同社会が訪れる、と説いた。

このマルクス主義をバックボーンに、ロシア革命が起こり、ソ連邦が誕生したが、ついぞ「協同社会」が実現することはなかった。

階級対立もなくなるどころか、権力者とその取り巻き以外のその他民衆との格差は、ますます広がっているのは、中国の現状をみれば明らかだ。

そんなマルクス主義を信奉し、実践に移そうとすれば、失敗は約束されたようなもの。

そもそも成功例がないのだから、成功のしようがない。

しかもそんな夢想家が、権力を握れば悪影響は、その自治体だけでなく、他の自治体、さらには国にも及ぶ。

論より証拠、二人の実例をおみせしよう。

社会主義者知事が東京を壊した
美濃部亮吉■一九〇四～一九八四

権力に屈しない法学者の父を持つ

美《み》濃《の》部《べ》亮吉《りょうきち》は東京都知事を昭和四二（一九六七）年から三期十二年務め、革新自治体ブームの立役者となった。

父親は戦前、天皇機関説を唱えた憲法学者で東京帝国大学法学部教授を務めた美濃部達吉。天皇機関説は、国家それ自身を一個の生命体としての法人とみたて、天皇は法人たる国家の元首たる地位にあり、国家を代表して国の一切の権利を総覧し、天皇が憲法に従って行う行為がすなわち国家の行為たる効力を生じることを理論化したものだが、「現人神《あらひとがみ》たる天皇が機関とは何事か」と右翼が激高。東京帝大を退官後、貴族院議員に選出されていたが、辞任に追い込まれた。それればかりか、自宅で狙撃され重傷を負った。

彼の真骨頂は、敗戦後に連合国軍最高司令官総司令部（ＧＨＱ）主導で制定された日本国憲法への態度である。

美濃部亮吉

枢密院顧問として新憲法の審議に関わった彼は、占領軍は国家の根本規範を改正する権限を有しない上に、国民主権に基づく憲法改正は、「国体変更」にあたるとしてただ一人反対した。

ＧＨＱの威光に政治家も官僚も学者もひれ伏すなか、達吉ただ一人が憲法学者の矜持を示したといえよう。

だが、マルクス主義に魅せられた息子は、父のような立派な学者にはなれなかった。

戦後各界から引っ張りだこに

美濃部亮吉は高等師範（現・筑波大）付属中学、旧制二高を経て東京帝国大学と、典型的なエリートコースを歩んだが、父が学んだ法学ではなく、経済学を選んだ。

しかも当時、流行していたマルクス経済学にかぶれてしまった。

のちに自由主義者として多くの後進を育てた経済学部教授・河合栄次郎を軽井沢の別荘まで訪ね、助教授に推薦してくれるよう陳情したが、けんもほろろに追い返された。

マルクス主義を信奉しながら上昇志向も強い彼の本性がよく表れたエピソードだ。

結局、東大に教授として残れなかった彼は、法政大学経済学部に転出し、教授となった。だが、その二年後の昭和一三（一九三八）年、人民戦線事件[※2]に連座して大学を追われた。

裁判では第一審で無罪となったが、終戦まで雌伏の七年間を耐えた。

世の中、万事塞翁《ばんじさいおう》が馬《うま》。

終戦後、彼の生活は一変した。人民戦線に連座し、しかも無罪を勝ち取ったことが箔《はく》となり、戦時中に大学や言論界の中枢を占めていた重鎮たちの多くが公職追放されたり、引退を余儀なくされたりしたおかげで、毎日新聞論説委員を委嘱されたのを皮切りに、内閣統計委員会事務局長に抜擢されたほか、昭和二四（一九四九）年には東京教育大学（現・筑波大学）教授に就任するなど各界から引っ張りだこになるのである。

東京教育大学は、高等師範が国家主義教育の総本山だとGHQににらまれ、戦後解体されたあとにできた教員養成系大学。戦前や戦時中に活躍した教授陣は一掃され、美濃部だけでなく、家永三郎ら左翼系学者の巣窟となった。

これがのちに東京教育大学解体、筑波大学開学につながるのだが、そのあれこれはまた稿を改めたい。

閑話休題。

東京の発展を停滞させた戦犯

ＮＨＫ教育テレビで放送された「やさしい経済教室」で、経済の話をわかりやすく解説する「お父さん」役を務めた美濃部は、お茶の間に名前が知れた文化人として昭和四二（一九六七）年、社会、共産両党推薦の革新統一候補として都知事選に担ぎ出された。

タレント候補の走りともいえ、昭和四二年の都知事選では、「スマイル美濃部さん」をキャッチフレーズに同じマルクス経済学者の大内兵衛や作家の松本清張、俳優の渥美清ら多くの文化人が推薦人に名を連ねて浮動票を獲得、自民、民社両党が推薦した立教大学総長、松下正寿らを破って初当選した。

しかし、政策はマルクス主義をベースとしたポピュリズムに根ざしたものがほとんどで、東京の発展を停滞させた戦犯との評価をのちに受けることになる。

美濃部都政がスタートした昭和四二年に都庁マンとなり、平成一五（二〇〇三）年に副知事を退職するまで都庁の中枢で活躍した青山佾《やすし》は、著書で美濃部都政を次のように評価している。

議会との関係……………×議会制民主主義と馴染まなかった
職員との関係……………×心が通わなかった
政策の特徴………………物価・福祉・公害
政府に対する姿勢………反政府

(『東京都知事列伝』時事通信社)

青山は、著書『東京都知事列伝』の中で、美濃部から小池百合子まで七代の知事について○△×の評価を下しているが、「議会との関係」「職員との関係」の両方とも×なのは、美濃部だけ。ちなみに鈴木俊一については、「議会との関係」は△ながら、「職員との関係」は、「進言には耳を傾けた」と○の評価をしている。

青山は、同書で美濃部について「美濃部さんはテレビカメラに対してはにこやかだが目の前の人間に好感を持たれるタイプではない」と一刀両断に書いている。

美濃部の最側近は、小森武という新聞記者出身で戦後、左翼系出版社を営んだことのある人物。昭和一三(一九三八)年の第二次人民戦線事件で美濃部らとともに逮捕された「同志」であり、美濃部都政の基本方針は彼が立案し、スピーチライターでもあった。

青山は「美濃部さんは対外的に調子のよいことばかり言っていて、行き詰ると小森さんに助けを求め、小森さんは怒りながらも助け船を出していた」と証言する。

そんな美濃部と小森コンビの絶頂期に発表されたのが、都知事二期目の昭和四六(一九七一)年に打ち出した「広場と青空の東京構想」だ。

「広場」は市民参加を、「青空」は環境を象徴している。

高度経済成長下の東京では、生活関連の社会資本整備が追い付かず、住宅難、交通ラッシュ、公害、水不足などありとあらゆる都市問題が噴出していた。

そういった問題を解決するため市民参加の行政を推進しようというものだったが、結局は机上の空論、絵に描いた餅に終わってしまった。

美濃部都政で大幅に遅れた社会資本整備

構想には、美濃部都政が、マルクス経済学をバックボーンとしていたことを示す象徴的な表現も盛り込まれている。

「資本主義経済のもとでは、利潤追求の商品生産は優先的に発展するが、公共的な施設の整備はつねに遅れる傾向をもっている」

マルクス経済学者らしく「資本主義は悪である」という固定観念が如実に出ている文章だが、皮肉なことに美濃部都政で「公共的な施設の整備」は大幅に遅れることになる。

美濃部は「橋の哲学」を持ち出して高速道の建設などをことごとくストップさせた。

「橋の哲学」とは、アルジェリアの革命家、フランツ・ファノンが『地に呪われたる者』で次のように書いたのが源だ。

「その橋の建設が、その地に住む人々の精神を豊かにしないなら、その橋はつくられない方がいい。人々は今まで通り泳ぐか、渡し船で川をわたればいい」

フランツ・ファノンは「一人でも反対するならつくるな」とは書いていない。だが、美濃部が好んで「橋の哲学」を引用したことから反対派は「一人でも反対すればつくらせないと美濃部都知事も言っている」と宣伝し、美濃部も否定しなかったので、都庁がからむ大型プロジェクトは軒並みストップしてしまった。

令和の現在も全通していない東京外環自動車道（外環道）がその典型だ。

道路だけではない。羽田空港の拡張、はては成田空港新幹線の東京乗り入れ計画まで頓挫《とんざ》した。

美濃部都政は十二年間も続き、東京の社会資本整備は大幅に遅れ、ニューヨークやロンドンなどライバル都市に大きく後れをとってしまった。

金日成を褒めたたえ朝鮮学校を認可

外交面でもマルキストぶりを遺憾なく発揮した。

昭和四六（一九七一）年には、平壌を訪問し、首相の金日成と会談、次のように語ったという。

「私は一九二五年に大学を卒業して以来、約四十年間マルクス経済学を勉強して参りました。それゆえに私は社会主義者であり、社会主義の実現を理想とする人間です。金日成元帥がなされたような活動はできませんでしたが、日本国内で私のなし得ることはやりました」

彼は朝鮮総連（在日本朝鮮人総聯合会）の関連施設を免税にしたり、朝鮮大学校を各種学校として認可している。

金日成を褒めたたえ、自らを社会主義者だと言い切る人物が、東京都のトップとして君臨していたのである。

三期十二年にわたった美濃部都政は、高齢者の医療費を無料化するなどばらまき型の福祉政策を推進し、都民からは評価されたのだが、これが都財政の悪化を招いた。昭和五四（一九七九）年の退任時には、自ら「惨憺《さんたん》たる幕引き」と評したほどで、保守系の鈴木俊一に後事を託すことになった。

※2　人民戦線事件　昭和一二（一九三七）年一二月一五日と翌年二月一日に、コミンテルンの反ファシズム統一戦線構築の呼びかけに応じて日本で人民戦線結成を企てたとして労農派の政治家や運動家、学者らが一斉に検挙された事件。昭和一二年の第一次人民戦線事件で検挙されたのは、加藤勘十が委員長を務めていた日本無産党やその支持団体である日本労働組合全国評議会（全評）、全国農民組合の幹部らで四〇〇人以上が検挙された。翌年の第二次人民戦線事件では、美濃部をはじめ大内兵衛ら東京大学経済学部出身の教授を中心に三十八人が検挙された。

一次、二次あわせて四八四人が検挙されたが、山川均《やまかわひとし》、荒畑寒村《あらはたかんそん》、鈴木茂三郎、向坂逸郎《さきさかいつろう》、佐々木更三、江田三郎らも検挙されている。

検挙者はいずれも治安維持法で起訴された。美濃部や大内ら多くの検挙者は裁判で無罪となったが、山川、鈴木ら一部の被告は有罪が確定し、昭和二〇（一九四五）年一〇月の治安維持法廃止で免訴となった。

リニア妨害した毛沢東主義者
川勝平太■一九四八〜
国家の経済的発展にブレーキ

川勝平太　©産経

川勝平太《かわかつへいた》は、令和六（二〇二四）年五月まで約十五年近くも静岡県のトップを務めたが、十二年間にわたって都知事を務めた美濃部の「真の後継者」というべき存在だ。

最も大きな共通点は、国の政策に真っ向から反対し、知事として目立った業績がないどころか国家の経済的発展にブレーキをかける役割を果たしたことである。

地方外交と称して、美濃部が北朝鮮を、川勝が中国を訪ねて「礼賛」したのも似ている。

川勝平太の学者としての専門は、比較経済史でマルクス経済学ではないが、早稲田大学政経学部で学んでいた若き日に毛沢東にかぶれた「マオイスト」（毛沢東主義者）であったことを隠していない。

彼は、人民日報海外版のインタビューに応じ、「二十歳のころに『毛沢東選集』（日本語版）全巻を読み、毛沢東の『農村（農民）が都市（ブルジョア）を包囲する』という理論に興味を持ちました」（二〇一二年九月一〇日配信）と明かしている。

どうでもいい内容がてんこ盛りの『毛沢東選集』を読破

『毛沢東選集』は、毛沢東が一九二六年から中華人民共和国が建国された一九四九年までに書いた『矛盾論』『実践論』など主要著作を集めた「プロパガンダ全集」といっても過言ではなく、川勝が学生時代に読んだときには、全四巻と膨大な量になっていた。

川勝が早稲田の学生だったころは、学園紛争花盛り。怒れる若者たちは、文化大革命に酔い、『毛沢東選集』を争うように買い求めたが、一巻だけペラペラとめくって「積読《つんどく》」にする者がほとんどで、川勝のように全巻読み通した学生はまれだった。

それもそのはず、どうでもいいことが延々と書かれているからだ。

たとえば、岩波書店で文庫本にもなった『矛盾論』はこんな具合だ。

「唯物弁証法は、外部の原因を排除するものだろうか。決して排除しない。唯物弁証法は、外部の原因は変化の条件であり、内部の原因は変化の根拠であって、外部の原因は内部の原因を通じて作用すると考える。鶏の卵は適当な温度をあたえられると、鶏に変化するが、しかし温度は石を鶏に変えることはできない。両者の根拠が違うからである」

（『実践論・矛盾論』毛沢東著／松村一人、竹内実訳。岩波文庫）

毛沢東

どうです？　このような、わかったようなわからないような屁理屈が延々と続くのである。こんな調子の文章で埋められている『毛沢東選集』を若き日の川勝は、読み通したというのだから、ご立派である。
彼は、同じ人民日報海外版のインタビューでこうも語っている。
「毛沢東の『農村が都市を包囲する』という理論を応用

して、『富士山連合をつくって日本最大の大都会（東京）を包囲する』という、東京中心を脱却して地域分権を目指す構想が生まれたのです」

富士山連合とは、全国には利尻富士、津軽富士といった「〇〇富士」と呼ばれる山が多く、そういった「富士山」のある地域を糾合しようという川勝の夢想に近い妄想で、彼だけが本気だった。

ほぼ十五年務めた静岡県知事時代、環境問題を大義名分に国家的プロジェクトである中央リニア新幹線のトンネル工事着工に強く抵抗し、結果として開業を大幅に遅らせたのも「農村が都市を包囲する」毛沢東理論を実践に移しただけの話だったのかもしれない。

常軌を逸していたリニア建設への抵抗

リニア中央新幹線建設への徹底した嫌がらせぶりは、常軌を逸していた。

静岡県は、川勝県政発足直後から、南アルプストンネル工事に伴う大井川の水量減少に懸念を表明。川勝は抜本的な対策が示されていないことを理由に「水一滴も県外流出は認めない」

として着工を認可しなかった。

これに対しＪＲ東海側は、流出した湧水を大井川に戻す方法を再三にわたって提案したが、川勝はそのたびにゴールポストを動かして、頑として承認しなかった。

令和六（二〇二四）年三月、ＪＲ東海が静岡県の了承が得られないことを理由に目標としていた令和九（二〇二七）年度までの開通を断念すると発表すると、それを待っていたかのように、川勝は「リニアの開業時期が延期され、私の責任は果たした」と述べ、任期途中での辞任を表明した。

ＪＲ東海への嫌がらせが成就したので、辞めるという本音が露わになった瞬間だった。

こうしたリニア中央新幹線建設に対する川勝の嫌がらせは、同じくリニア新幹線を実用化しようとしている中国への側面支援ではないか、という巷説《こうせつ》がまことしやかに語られていたほど。

中国に対する偏愛ぶりは、県営富士山静岡空港の運営にも如実に表れていた。

同空港は、昭和六二（一九八七）年に建設が始まり、川勝が知事に就任する直前の平成二一（二〇〇九）年六月に開港した。

しかし、空港が牧ノ原台地にあるため静岡市からも浜松市からも遠く離れていることから利用客が見込めず、建設中から大赤字が危惧《きぐ》されていた。

危惧は的中し、開港当初は三路線週十七便しか飛ばなかった。当初の需要予測は、年間一三八万人だったが、開港翌年の実績は約五九万三〇〇〇人と予測をはるかに下回り、目標を年七〇万人に大幅に引き下げざるを得なかった。

羽田や大阪・伊丹など他の地方空港ならドル箱路線になる路線も新幹線や高速道路が発達していることもあって需要が見込めないため新設できず、国際線に活路を見出さざるを得なかったのも確かだろう。

そこで川勝が注力したのが、海外路線、なかんずく中国路線の新増設だった。

そのため川勝はなりふり構わず、中国にすり寄った。そのさまは「媚中派」と呼ぶにふさわしいものだった。

三七七六人の訪中団

彼は知事就任の翌年、上海で開かれた万国博覧会（二〇一〇年五月〜一〇月開催）に富士山の標高三七七六メートルにちなんで三七七六人もの訪中団を派遣したのである。

就航したばかりの静岡－上海路線を維持することを大義名分としていたが、本人もその年だけで四度にわたって訪中し、のちに「人民中国」インターネット版でこう語っている。ちなみに静岡県と中国・浙江省は一九八二年に友好関係を結んでいる。

「こちらには富士山があり、あちら（浙江省）には西湖があり、両者はともに美しい。恋人同士のように相思相愛の仲で、年々交流を深めてきました。二〇〇九年には静岡空港ができ、上海路線が開通しました。二〇一〇年の上海万博には、県民の一〇〇〇分の一、富士山の標高と同じ三七七六人で行く計画を立てました。浙江省の書記をされたことのある習近平先生にそれをお話ししましたら、大変喜んでくださいました。私自身もその年だけで四回、中国へ行きました。終わってみると、静岡県から六〇〇〇人以上が上海万博や浙江省を訪れたのです。こういった活動が認められ、上海で開かれた二〇一〇中国国際友好都市大会で『対中友好都市交流提携賞』を受賞しました」（二〇一二年一〇月一六日、人民中国インターネット版）

ここまで大っぴらに中国に媚びた知事を私は知らない。

知事の媚中路線を全面支持した「静岡新聞」

なぜ二〇一〇年の訪中団が、重い意味を持っているか、当時を振り返ってみよう。

二〇一〇年当時、中国副主席だった習近平は知事就任間もない川勝と同年一月一一日、人民大会堂で会見している。

当時でさえ、面会が難しかった習近平になぜ一介の県知事がどうして会えたのか。

川勝が、三七七六人という大訪中団派遣をお土産にしたのもさることながら、彼が熱烈なマオイスト（毛沢東主義者）であることが、中国側の事前調査で判明していたからだろう。

習との面会に感激した川勝が、より「媚中派」に傾いたのは言うまでもない。

この年の九月七日、尖閣諸島沖で操業していた中国漁船が、海上保安庁の巡視船に体当たりした事件が発生した。

時の菅直人政権は、逮捕した中国人船長を処分保留のまま釈放したが、日中関係は急速に冷え込んだ。

こうしたなか、川勝は予定通り「三七七六訪中計画」を完遂するばかりか、継続をも宣言したのである。

こうした知事の「媚中」路線に、地元で圧倒的なシェアを誇る「静岡新聞」は、諫めるどころか全面的に支援したのである。

たとえば、県議会から知事の外交姿勢に疑問が出されると、知事の訪中に同行した経験のある論説委員長（当時）は、こんなふうに援護した。

「知事の同行取材で目《ま》の当たりにしたのは、日本では表面化しない中国政府や省幹部の歓待ぶりだった。

万博会場で川勝知事の携帯電話が鳴った。元駐日中国大使で政権中枢にいた武大偉氏からで、訪中をたたえる意を伝えるためだった。

『あなたは訪問の約束を守った。問題のある時期の交流は、中央(政府)を動かす役割を果たす』川勝知事は習近平主席が副主席の当時、北京の人民大会堂で会談した。中国政府要人とのパイプが静岡空港への中国便の就航促進に生かされたのは間違いない。王毅《おうき》国務委員兼外相とも親しく、二〇一九（平成三一）年に静岡市で地方や民間交流を語り合った。『互恵』は一朝一夕で成し遂げられない」

（令和四年四月二四日付静岡新聞「時論」）

いかに川勝ら訪中団が、中国側に絡み取られたかがよくわかる証言ではある。

中韓便を拡大した静岡空港は大赤字

中国路線維持のための補助金もふんだんにばらまいた。

彼の最後の置き土産となった令和六（二〇二四）年度予算でも空港関連費として就航促進や利用促進のため三二億六〇〇〇万円も計上した。

一方で、令和四（二〇二三）年の大雨被害で半分の区間が運休している大井川鉄道の復旧費は二二億円とされるが、つい最近まで県は全面復旧に後ろ向きだったのとは好対照である。

それだけ川勝は、中国と県営空港を「偏愛」したのである。

その甲斐あって開港間もない静岡空港には次々と中国の航空会社が乗り入れた。

上海便を皮切りに寧波、南京、天津、武漢、南寧、杭州など中国の地方都市と次々と空路がつながった。

だが、そんな繁盛ぶりも長くは続かなかった。羽田や関西空港と比べて圧倒的にロケーションが悪く、ほとんどの路線は長続きしなかった。

空港の旅客数は、コロナ禍前の令和元（二〇一九）年には過去最高の約八〇万五〇〇〇人が利用するまでになったが、翌年から暗転する。

令和二（二〇二〇）年から三年以上にわたってコロナ禍が直撃し、国際線が一本も飛ばない時期がほぼ三年間も続いたのだ。

利用客も急激に落ち込み、令和三(二〇二一)年には約一六万七〇〇〇人しか利用しなかった。コロナ禍がピークを過ぎ、海外からの観光客が日本に戻ってきても静岡空港への国際便の戻りは鈍かった。

令和六年八月一日現在、静岡空港を発着する国際線はソウル便が毎日運航しているものの台北線は運休したまま。

川勝が最も力を入れた中国路線は、上海便が週四便飛んでいるものの、そのほかは、杭州線が七月からようやく週二便復活しただけ。寧波線や南昌線は運休したまま。南京、天津線などは、中国経済の失速もあって完全に廃止されてしまった。

当然、空港運営はより厳しくなっている。

空港の管理は、民間会社の富士山静岡空港株式会社に託されているが、同社の決算書（令和四年度）を見ると、売り上げ九億二一〇〇万円に対し、純損失は三億四二〇〇万円にものぼっている。

若き日に毛沢東に心酔し、知事就任後は中国に頼り切った川勝は、静岡県に大いなる負の遺産を遺したのである。

第2章

「悪党」がつくった自民党

1　自民党は悪党によってつくられた

児玉誉士夫のダイヤモンド

いま生きている大多数の日本人は、生まれたときから自民党があるので、自民党以前は保守政党が合従連衡《がっしょうれんこう》を繰り返していた、と若い人に話しても「へー」と言われるのが関の山だろう。自民党の母体となったのが、吉田茂率いる自由党（合併時は緒方竹虎《おがたたけとら》が党首）と鳩山一郎率いる日本民主党だったことを知っている若者は、インテリの部類に入る。

だが、終戦直後の国会は、自由党ではない別の保守政党が第一党であったことは、若者どころかお年寄りでさえ覚えている人は、ごくごく少数で、知っている御仁は相当のインテリである。江戸時代の文久三(一八六三)年生まれの老政治家、町田忠治に率いられた日本進歩党である。

日本進歩党は、敗戦から三か月後の昭和二〇（一九四五）年一一月一六日、旧大日本政治会（大政翼賛会の後継組織）を母体として結成された。

町田は、大政翼賛会に吸収された立憲民政党の総裁だった政治家で、多くの民政党出身者が進歩党に参集した。衆院定数四六六議席中、過半数を軽く超す二七三議席を占め、同年一〇月に発足した幣原《しではら》喜《き》重郎《じゅうろう》内閣を支えた。

一方、戦前は立憲民政党とライバルだった立憲政友会系の鳩山一郎や芦田均らは、大政翼賛会に協力した議員が多く参加した進歩党には加わらず、新たな時代にふさわしい新党を立ち上げることになった。

だが、民政党を母体とした日本進歩党が、準備段階から過半数を超す勢いだったのに対し、鳩山を旗印とした日本自由党は人集め、カネ集めに苦労する。

鳩山一郎

鳩山らは東條英機や大政翼賛会に批判的だったが、政友会は、民政党よりも軍部と結託していたとのイメージが一般的に強かったのもマイナスだった。

ここで、児玉《こだま》誉士夫《よしお》が登場する。

明治四四（一九一一）年生まれの児玉は、終戦時まだ三十六歳。十八歳のときに天皇直訴事件で服役するなど、右翼団体に属して暴れ回り、刑務所に何度も出たり入ったりして悪名をあげていった。

転機がきたのは真珠湾攻撃直前の昭和一六(一九四一)年一一月。海軍嘱託となって航空本部のため航空機に必要な物資を上海で調達することになった。「児玉機関」の始まりである。

児玉機関はタングステンやコバルト、ラジウムなどの戦略物資を調達し、一億七五〇〇万円相当の資金を保有するに至った。

児玉誉士夫

もちろん、正当な取引ばかりでなかったのは言うまでもない。
終戦直前の同二〇（一九四五）年八月一四日には、朝日新聞社機をチャーターし、金の延べ棒やプラチナ、ダイヤモンドなどを大量に積み込み、東京に運び込んだ。日本がポツダム宣言を受諾したとの情報をいち早く得てのことで、さすがは悪党中の悪党である。
児玉は、膨大な「児玉資金」を海軍に返上しようとするが、海軍大臣米内光政《よないみつまさ》に「もう海軍はない。すべて君の裁量で国家のために使え」と断られたという（真偽のほどはわからない）。

「児玉資金」を聞きつけたのが、実業家で立憲政友会のタニマチ的存在だった辻嘉六《つじかろく》だった。辻は、そのカネを立憲政友会の再建に使わせてほしいと懇願した。

一〇月二三日、日本自由党の結党準備会に辻とともに参加した児玉は、児玉機関の財産を結党資金として提供することを約束した。

「絶対に天皇制を護持してください」と児玉が頼むと、「絶対にそうせねばならない」と鳩山一郎は涙ながらに答えたというが、さて実際はどうだったか。

一一月二日、辻嘉六とともに鳩山を訪ねた児玉は、七〇〇〇万円にのぼる資金とダイヤモンドなど大量の貴金属を提供することで合意した。翌週の九日、日本自由党はめでたく結党式の日を迎えた。

このとき日本自由党の所属議員は四十六人。日本進歩党には二〇〇議席以上の差をつけられていたのである。

それが一変したのは、翌年の一月のことだった。

GHQが第一党をつぶす

昭和二一（一九四六）年春に迫った戦後初めての衆院選を前に、GHQが命じて、国会議員を含めて公職追放令が発せられたのだ。

実は、戦時中の日本では、同じ枢軸国のドイツやイタリアと違って議会が曲がりなりにも機能していたのだ。

ドイツやイタリアは一党独裁体制が完成し、かなり早い段階で個々の議員（政党）を選挙で選ぶことはできなかった。つまり、議会は、機能を停止していたのである。

ところが、日本ではドイツ、イタリアの一党独裁システムをまねて大政翼賛会ができたものの、昭和一七（一九四二）年に実施された総選挙では、大政翼賛会に推薦されなかった非推薦候補も立候補でき（官憲による選挙妨害はひどかったが）、鳩山らが当選したのである。

大政翼賛会の実態は、一党独裁とはほど遠く、対米戦争開戦後、大日本政治会に衣替えされている。ついでに書けば、戦時中にもかかわらず、東條英機政権の末期には、岸信介らが倒閣運動を起こし、サイパン失陥を直接の原因として東條内閣は軍事クーデターではなく自主的に退陣している。

困ったのがGHQである。

日本を民主国家するために大日本帝国憲法（明治憲法）を改正する形で、議会の審議を経て新しい憲法を制定させる方針をGHQは、占領政策の柱として決めたが、憲法案を審議する議員の顔ぶれが戦時中とほぼ同じでは具合が悪い。

ならば、アメリカの言うことを素直に聞くような「民主的」な一部の議員を除いて総入れ替えしようと判断したのだろう。

岸信介　©産経

同年一月四日付のマッカーサー司令官覚書では、「公職に適さざる者」のD項として「大政翼賛会等の政治団体の有力指導者」とされていたが、大政翼賛会の幹部だけでなく、「有力」とはとてもいえない陣笠議員もひっくるめて追放されたのだ。
日本進歩党所属の二七三議員のうち党首の町田を含めて九五％にあたる二五九人が、議員資格を剥奪《はくだつ》されてしまったのだ。
残ったのはわずか十四人。日本自由党も三十人が追放されたが、十六人が残った。

日本自由党は党首の鳩山をはじめ芦田ら幹部が難を逃れたのが幸いした。

しかも「児玉資金」もたっぷりとあった。

春秋の筆法からすれば、GHQの恣意《しい》的な公職追放によって多数派の日本進歩党は零落させられ、少数派だった自由党が戦後政治の主役となった。そして「悪党」児玉の影響力もロッキード事件まで続いていくことになる。

四月の総選挙では、日本自由党が一四〇議席を獲得して一躍、第一党となり、日本進歩党は第二党に転落してしまった（追放された議員に代わって息子や夫人らが立候補し、九十四議席も獲得したのは健闘した部類に入る）。

当然、第一党の党首である鳩山に大命降下されるのが憲政の常道だが、ここでもGHQがストップをかけた。

本当の理由は現在もわかっていないが、鳩山は前年の九月に「原子爆弾の投下は国際法違反の戦争犯罪だ」という内容の談話を朝日新聞に掲載するなど、GHQにとって好ましからざる人物だったのは間違いない。

国会での憲法改正審議を前に御しやすい人物を首相に据えたい、との占領者の意思が透けて見える。

進退窮した鳩山は、後事を幣原内閣で外相を務めていた吉田茂に託した。外交官出身の彼ならば、海千山千の政治家と違って、追放解除されたなら総裁の座を返してくれるだろう、と甘くみていたのだ。

このあたりが「悪党」になり切れない鳩山一族の甘いところで、そのＤＮＡは孫の由紀夫にも引き継がれた。

吉田は「カネづくりは一切やらない」「閣僚選考に口出し無用」「やめたくなったらいつでもやめる」の三条件を書にしたためて示し、「君の追放が解除されたらすぐにでも君に返すよ」と付け加えたという。

「友愛」を信条とする鳩山は、吉田の言葉を信じてしまったが、首相になってから「ワンマン」と呼ばれるようになった吉田は、ＧＨＱと掛け合って、自らの地位を脅かす邪魔な存在となった鳩山の追放解除を意図的に延ばした。

その話を伝え聞いた鳩山は、怒髪天《どはってん》を衝くほど怒り、脳溢血になってしまう。

もちろん、吉田は、鳩山が追放解除され、衆院選で議席を回復しても鳩山の体調を理由に総裁の座を譲らなかった。吉田のほうが一枚上の「悪党」だったのである。

派閥は自民党のDNA

昭和三〇（一九五五）年、自由党と日本民主党が合併して自由民主党が誕生した。

ここまでお読みの皆様は、百も二百もご承知だろうが、不倶戴天《ふぐたいてん》だった「吉田」党と「鳩山」党が合併した背景には、さまざまな大人の事情があった。

最大の要因は、左右に分裂していた社会党が、この年に統一を果たし、勢いに乗って政権奪取を目指し始めたことだ。

当時の社会党左派が、ソ連や中国、北朝鮮と密接な関係にあったのは公然の秘密で、アメリカは、危機感を強めていた。

前年には造船疑獄で、法相が指揮権を発動したこともあって吉田政権は瓦解。鳩山一郎政権が登場したが、政権基盤は弱かった。

このためアメリカだけでなく財界からも保守合同を求める声が強まり、ここでまた児玉が暗躍する。

児玉はA級戦犯として昭和二一（一九四六）年初頭に逮捕され、巣鴨プリズンに収監されるが、昭和二三（一九四八）年のクリスマスイブに釈放された。

このとき児玉はＣＩＡ（米中央情報局）に協力することを約束したとされるが、定かではない。ただ、ロッキード社の秘密代理人となるなど米側と密接な関係を維持し、生前から「親米右翼」と呼ばれていたのは確かである。

児玉と密接な関係にあった岸や三木武吉が水面下で積極的に動いたため、水と油だった自由、日本民主両党が合併できたのである。「外圧」によって自民党は結党されたといっても過言ではない。

しかも日本民主党には、河野一郎ら鳩山シンパグループだけでなく、日本進歩党の流れをくむ戦前派議員やリベラル系の三木武夫や松村謙三が所属した改進党の面々もいた。

つまり、主義主張はいったん横に置き、政局の安定を第一としてできた党が、自民党なのである。

出身政党や考えが近い議員が集まって自然発生的に派閥ができたのも当然の帰結だった。

自民党発足当初の総裁選が、札束が飛び交うほど苛烈だったのもむべなるかな。

派閥は、異なるイデオロギーを持つ疑似政党ともいえ、総裁選は最高権力者である首相の座を争うミニ政権選択選挙の色合いが濃かったのである。

自民党結党から間もなく、吉田茂の一番弟子である池田勇人《いけだはやと》が宏池会を結成し、大平正芳、鈴木善幸、宮澤喜一、そして岸田文雄が受け継いだ。

吉田の孫である麻生太郎が、岸田を支え派閥にこだわったのも結党以来の流れをみれば必然だったのもよくわかる。

吉田と敵対した岸がつくった岸派を源流として福田赳夫《ふくだたけお》が清和会をつくり、それを岸の孫である安倍晋三が引き継ぎ、岸の弟である佐藤栄作を抜いて歴代最長政権の記録を更新したのも派閥の支えあってこそだった。

佐藤派を源流とする田中派は、大部分が竹下派となり、その後同派は分裂し、自民党に残った末裔が茂木派だった。

福田赳夫
出典：首相官邸ホームページ

そうした派閥を岸田は解消した。麻生派を除いて。

これはまったくの悪手であった。

派閥解消を宣言したところで、内閣支持率が上がるわけはない。

派閥が悪いのではなく、不正腐敗が蔓延する自民党が悪い、と有権者が感じているのを岸田はわかっていなかったのだ。

派閥があったからこそ、自民党は活力を維持してきた。

近年、派閥の教育機関的側面が薄れてきたため、秘書の給料を自分の政治資金にするなどせこい不祥事が増えてきた。

いずれ近いうちに新しい形で派閥は復活するだろうが、本当に派閥がなくなったときこそ自民党は終わりを告げるはずである。

2 田中角栄と昭和の悪党たち

「悪党」たちが歴史をつくった

「昭和の時代」には「悪党政治家」たちがごろごろいた。

河野太郎の祖父で朝日新聞出身の河野一郎は、「悪党政治家」の典型と言っていいだろう。

児玉誉士夫らその筋の人々と大っぴらに付き合い、カネの噂も絶えなかった。

河野は人間の好き嫌いも激しく、兄事した鳩山一郎には徹底的に尽くし、子分も徹底的に可愛がったが、敵もまた多かった。

昭和三八（一九六三）年には、右翼の野村秋介に大磯の自宅を放火されたほどだ。まだ健在だった吉田茂が大磯の自宅から河野邸が焼けるのを見て大いに喜んだというエピソードも残っている。

そんな「悪党」だからこそ、昭和三一（一九五六）年、農相だった河野は、首相の鳩山一郎

河野太郎の祖父、河野一郎

とともにソ連を訪問し、体調が万全ではない首相の代理としてソ連共産党第一書記のニキータ・フルシチョフと堂々と渡り合い、日ソ共同宣言の調印と国交正常化にこぎつけられたのではあるまいか。

よくも悪くも日ソ（露）関係は、このときの日ソ共同宣言から一歩も踏み出していない。

傍若無人で、人を人とも思わぬ「悪党」ならではの仕事ぶりだったが、残念ながら「剛腕」のＤＮＡは、子供の洋平にも孫の太郎にも受け継がれてはいない（傍若無人さは、孫にその片鱗があるが）ようだ。

東京や京都の帝国大学を卒業し、「安全装置」を備えた上品な「悪党政治家」も少なくなかった。

河野と同じく児玉誉士夫と密接な関係を持ち、ダグラス・グラマン事件など数々の疑獄で名前があがりながらも巧妙な「安全装置」のおかげで逃げ切った岸信介は、国民的反政府運動となった「六十年安保闘争」を乗り切って日米安保条約改正をやり遂げた。

岸の後任となり、安保闘争で荒れた人心を癒し、「所得倍増計画」を打ち出して高度経済成長に道筋をつけた池田勇人も相当な「悪党政治家」だった。

佐藤栄作と争った昭和三九（一九六四）年の自民党総裁選で、巨額のカネをばらまいたが、原資として九頭竜湖ダム建設にからんで大手ゼネコンから巨額の献金を受けた、と噂された。のちに疑惑を追及したジャーナリストと首相秘書が相次いで変死したのは事実。これをモデルに石川達三が『金環蝕』を書き、映画化されたことは既に述べた。興味のある方は、ご一読を。山本薩夫監督、仲代達矢主演の映画もなかなか見ごたえがあった。

ロッキード事件で「灰色高官」の一人と囁《ささや》かれながら、当時、田中逮捕にゴーサインを出した首相の三木武夫を支える立場の自民党幹事長という立場が功を奏してお咎めなしとなった中曽根康弘も栄えある「悪党政治家」の有力メンバーとして認定したい。

池田勇人

政策科学研究所（中曽根派）は、弱小派閥の哀しさから、政治献金がなかなか集まらず、首相になるまでカネ集めには人一倍苦労した。彼もまた自衛隊機導入をめぐる疑獄のたびに名前が挙がったが、これまた「安全装置」のおかげで難を逃れた。

念願の総理総裁になったときも物心両面で、刑事被告人となっていた田中角栄に頼らざるを得ず、発足した内閣は「直角内閣」「田中曽根内閣」と揶揄された。

だが、そんな外野の声はどこ吹く風で、切れ者の後藤田正晴《ごとうだまさはる》を官房長官に起用し、内外に山積した政治課題に取り組んだのが功を奏した。特に外交では、ロナルド・レーガン米大統領と「ロン・ヤス」関係を結んで支持率をアップさせ、ついには昭和六一（一九八六）年、「死んだふり解散」で衆参同日選挙に持ち込んで大勝、五年の長期政権を全うしたのは、「悪党政治家」の面目躍如たるものがあった。

角栄がしたためた手紙

私は平成元（一九八九）年六月から産経新聞政治部に配属されたが、平成になってからも永田町は悪党政治家たちが跋扈した「昭和」の香りをかなり長い間、漂わせていた。

田中角栄こそ病床に伏していたが、戦争を青年時代に経験し、終戦直後の混乱期を知恵と度胸で潜り抜けてきた中曽根、竹下登、金丸信、渡辺美智雄といった面々が健在で、彼らはリクルート事件で大きな打撃を受けたとはいえ、阪神・淡路大震災のころまで陰に陽に政局の主役を務めていた。

そういった大物でない脇役も個性豊かだった。なかには、委員会そっちのけで、議員会館の自室で一日中、株取引をしていたセンセイもいた。バブル景気真っ最中で、今のようにパソコンやスマホで簡単に株取引ができなかった時代である。

このセンセイ、国会活動はほとんどやらなかったが、なぜか軽いポストとはいえ大臣の座を早々とゲットした。

株売買の利益の一部を派閥に上納した見返りだったのは容易に想像できる。記者仲間は「一億は包んだのでは」と噂していたが、真偽のほどはわからない。

このころまで株は、「悪党政治家」の打ち出の小槌《こづち》だった。だが、バブルが弾けると株に手を出す政治家はめっきりと減った。リクルート事件と大手証券会社が関与した証券スキャンダルが次々と明るみに出たこともさることながら株価が、バブル崩壊以降、第二次安倍政権発足まで下がり続けたため、うまみがなくなったのである。

昭和の時代は、「これは政治銘柄なので、必ず上がります」というのが株屋のセールストークだった。確かに政治銘柄は存在した。

田中角栄の娘、佐藤あつ子はその著書『昭』の中で角栄があい子の母、佐藤昭《あき》にあてた手紙を公開しているが、次のような興味深い一節がある。

・○○（オヤジの親類）に一一〇万円。貴君のお友達に一〇〇万円。○○に八五〇万円。金まつより二〇〇万円（その他家を売りそのうちから一〇〇万）。○○（銀行）の○○（支店）一〇〇〇万　合計六〇〇〇万円程の借金があるが預金はない。しかし金がないから家を買いしぶっていることとは夢（ゆめ）思うなかれ。そう思はれては可愛そうなり。

・「サンウエーブ」を昨日から売っている　今日までに一五〇〇ばかりうれたそうであるから十日ばかりのあいだ一五〇〇万円届ける。

気持ちよくあづかっておきなさい。それまでにも、家は探す。「探しても移らないかも知れん」

全く駄々っ子みたいな奴だ。

この金も国会の銀行や何かでは困る（国会は特に滋味に心掛くべし）兎に角家を新築するにしても二〜三カ月はかかるのだから少しは気を長くしてくれよ。

（『昭　田中角栄と生きた女』佐藤あつ子、講談社）

文中にあるオヤジとは角栄を指す。この手紙は、角栄が自民党政調会長か大蔵大臣だった昭和三六（一九六一）年から三七年のころに書かれたものとみられる。

田中事務所で秘書として働き、愛人でもあった昭が、当時住んでいた大井町から新しい家に引っ越したいと強く訴え、ケンカになった後に送った手紙のようだ。困惑しきっている角栄の顔が目に浮かぶ。

興味深いのは、既に有力閣僚や党の要職を務め、政治資金を潤沢にまわしていたはずの角栄も自分のサイフは火の車だったことだ。

私的な借金が六〇〇〇万円あるという記述が真実ならば、相当な額である。当時の大卒初任給は一万五七〇〇円。令和六（二〇二四）年は二二万五四〇〇円だから、今の貨幣価値に換算するとざっと八億六〇〇〇万円もの借金を抱えていたことになる。

田中角栄
出典：首相官邸ホームページ

サンウエーブの売却額も今なら二億一〇〇〇万円相当になるから彼女の機嫌もきっとなおったことだろう。カネの出し入れについて、国会内の銀行を使うな、とわざわざ念を押しているのも実に面白い。

証券会社も心得たもので、有力議員にはトップクラスの営業マンをつけていた。永田町と兜町は、地下水脈でつながっていた。

角栄だから〝禁じ手〟の「日銀特融」ができた

角栄がこの手紙を書いてから三、四年後。

昭和四〇（一九六五）年、証券不況に見舞われた山一證券は倒産の危機に瀕した。経営危機が報じられると、全国の支店に投資家が殺到し、六日間で一七七億円も解約された。リーマン・ショックが象徴するように、大手証券会社が破綻すれば、経済への影響は計り知れない。

当初はメインバンクである大手都市銀行による救済融資などが検討されたが、埒《らち》が明かない。そこで日本興業銀行頭取の中山素平が音頭を取って蔵相の角栄をはじめ大蔵省、日銀、都市銀行の幹部らを日銀の迎賓館・氷川寮に招集した。世に言う氷川寮会談である。

中山としては、メインバンクが山一證券を救済する前提として、無担保・無利子での日銀による特別融資が必要であり、それを日銀に迫れるのは角栄しかいないと踏んだのである。

日銀内には、大手証券会社とはいえ、一私企業のために公的資金を大量に投入することはいかがなものか、という「正論」が強かった。

角栄は期待通り、日銀特融という当時としては禁じ手を日銀に迫り、実現させた。

山一證券は救済され、金融恐慌は回避された。

「悪党政治家」として株の売買で多大の恩恵を受けていたからこそ、証券会社と株式市場の重要性を肌身でわかっていたための荒業とも言えよう。

山一證券は、その後業績を回復するが、橋本龍太郎政権の緊縮政策によってふたたび経営危機に陥った。

このとき二度目の「日銀特融」策も検討されたが、角栄のような「悪党政治家」がいなかったのが、山一にとって悲劇だった。

山一は自主廃業し、日本経済はデフレという泥沼にはまってしまったのである。

赤坂はストレス発散の場

コンプライアンス、という言葉が昭和にあったなら「田中角栄」は、この世には存在しなかったろう。

「英雄色を好む」の言葉通り、神楽坂と赤坂に妾宅を持ち、数多くの女性と浮名を流した。ちょっと前まで、赤坂やその周辺には「口悦」「金龍」「川崎」「満ん賀ん」といった料亭が軒を連ねていた。

「千代新」は、田中角栄が贔屓にしていた料亭だったが、ここに角栄が芸者との逢瀬によく使った部屋があったという。

角栄に限らず、赤坂の料亭は政治家にとって、密談の場であり、ストレス発散の場でもあった。しかも赤坂芸者の口は堅かった。

平成元（一九八九）年、宇野宗祐が首相になった直後、神楽坂のコンパニオンに醜聞を暴露された「三本指事件」の直後、古手の議員秘書たちは「赤坂で遊んでいれば良かったのに」と囁きあっていたのを思い出す。

バブル崩壊後、赤坂の料亭の灯が次々と消えるとともに、議員たちの不倫スキャンダルが激増したのは偶然の一致ではない。

赤坂でよく遊んでいた議員ほど、よく仕事をしていた。もちろん、これは個人的な感想である。カネのほうはといえば、柏崎原発の用地取得をめぐって四億円、全日空へのロッキード社製旅客機導入をめぐって丸紅から五億円をせしめたのは序の口で、堤防を閉め切る情報を事前に得ていた田中ファミリー企業が、信濃川河川敷地七三ヘクタールを二束三文で買い占め、数百倍の地価に跳ね上がらせるなど土地取引でも巨万の政治資金を得た。

そうして得たカネをモチ代・氷代と呼ばれる派閥の運営費や選挙資金だけでなく、自民党総裁選や野党対策などに文字通り湯水のごとく使った。

当時の社会党議員で、右派左派を問わず、角栄の悪口を言う者は誰もいなかった。

選挙資金でも私生活でもカネに困ったときに理由も聞かず、分厚い茶封筒を黙って届けてくれるのは、社会党本部ではなく、角栄だけだったからである。

「きれいごとだけではすまない」

あるとき、秘書の早坂茂三《はやさかしげぞう》から「池田勇人や佐藤栄作のように、自分の手を汚さず浄化装置を使って政治資金をつくってはどうか」と進言すると、角栄はこう答えたという。

「政治にカネがかかるのは事実だ。酢だ、コンニャクだと、理屈をこねてもはじまらない。池田や佐藤にしても、危ない橋を渡ってきた。世の中、きれいごとだけではすまないんだ。必要なカネは、オレが血の小便を流しても自分の才覚で作る。君たちはオレのカネを使い、仕事に活かしてくれれば、それでよい」

（『駕籠に乗る人担ぐ人　自民党裏面史に学ぶ』早坂茂三、集英社文庫）

結局、「浄化装置」をつくらなかったばかりにロッキード事件で東京地検特捜部に逮捕されるのだが、彼はむしろ闘志を燃やして復権へ向けて全精力を傾けた。

最大派閥だった田中派をさらに膨張させ、キングメーカーとなり、無罪判決を勝ち取ったあとは、再び宰相の椅子に座ろうとしたのだ。

角栄は、コンプライアンスを無視し、人間の欲望を隠さず、危ない橋をものともせずエネルギッシュに渡ろうとしたホンモノの「悪党政治家」に間違いない。

だからこそ、と言うべきだろう。

尋常高等小学校を卒業後、越後から裸一貫で上京し、何の「安全装置」もなく、政界の荒波を渡り切って天下を取ったのもつかの間。東京地検特捜部に逮捕され、再起を期すも子分の裏切りにあって失意のうちに亡くなった角栄の物語に、ある年齢層以上の日本人は郷愁を覚えているのではないか。

今の政治状況を嘆息し、「角栄だったらこんな決断はしなかっただろう」と彼を崇め、「第二の角栄」を待ち望む「角栄信者」も少なくない。

だが、角栄のDNAを色濃く受け継いでいるはずの長女、真紀子は演説の面白さだけしか似ず、父には濃すぎるほどあった他者への思いやりや政策課題への熱い情熱は、まったく引き継がれず、政界もさっさと引退してしまった。

実の息子のように可愛がった小沢一郎は、角栄の負の部分である錬金術（カネづくり）は、一部受け継いでいるものの、やはり他人を思いやる情の濃さは、学べなかった。

せいぜい、「小悪党」のレベルだろう。

政治的にも彼が主導してつくりあげた非自民連立政権も民主党政権も実績といえば、小選挙区比例代表制導入などのちに禍根を残したものがほとんどで、泉下《せんか》の角栄も嘆いているはずだ。

いずれにせよ、現代は「悪党政治家」が大手を振って活躍できる時代ではなくなったのは確かである。

第3章

日本沈没か復活か 〝岸田後〟の五人

ここまで、昭和から平成まで日本政治の主役を「悪党」が主に務めていたことがお分かりいただけたと思う。

では、令和の御代はどうか。薄々お気づきのように、「悪党政治家」が激減してしまったのである。令和三年秋から首相を務めた岸田文雄のように真面目だがダイナミズムに欠ける、もちろん「悪党」ではないが、「善人」とも言い切れない政治家が大半になってしまった。では、いま話題の三人の政治家はどうか。「悪党」度の観点からみてみたい。

1 「一番乗り」の策士 小林鷹之

周到に一番乗りを狙う

令和六(二〇二四)年八月一九日、自民党総裁選に真っ先に名乗りを上げた前・経済安全保障担当相、小林鷹之《たかゆき》はなかなかの策士である。

派閥パーティー券裏金問題によって所属していた二階派が解体されたのを好機ととらえ、早い段階から総裁選出馬に必要な推薦人（二〇人）集めを水面下で始めた。首相の岸田文雄が総裁選に出馬できない可能性が高いとみて、岸田が不出馬を表明した直後に、一番乗りで出馬を表明しようと戦略を練っていたのだ。

出馬会見には、解体された安倍派から次世代のホープと目されている福田達夫、鈴木英敬といった面々ら十一人が駆け付けた。安倍晋三を失くし、派閥パーティー券裏金問題で西村康稔ら「五人組」もパージされて行き場を失った最大一〇〇人を数えた安倍派の受け皿を狙ったのである。

小林の思惑はずばりと当たり、NHKは高校野球中継を中断して出馬会見の冒頭を生中継し、民放テレビのワイドショーは彼を単独で出演させ、政見を語らせた。

小林鷹之
出典：首相官邸ホームページ

選挙区以外の一般人には、ほとんど無名だった小林は、名前の「小林」と「鷹」（英語でホーク）からつけられた「コバホーク」のニックネームと共に知名度は全国区となった。

物腰の柔らかさに幻惑されがちだが、「悪党政治家」

の素質は十二分にある。

彼は自民党が野党時代の平成二二（二〇一〇）年、「日本の国力を高めたい」と候補者公募に応じた元財務官僚。二年後、自民党が政権を奪還した衆院選で千葉二区から出馬し、初当選した。開成高から東大に進み、ボート部主将を務めた。中学生のころはバスケットボールをやっていたが不完全燃焼だったため、新聞の小さな記事で東大のボート部が強豪であることを知り、「勉強はもちろん、スポーツに打ち込むために」東大ボート部を目指したというから学生時代からなかなかあざとい。

大蔵省（現・財務省）在職中に米ハーバード大ケネディ行政大学院に留学し、在米日本大使館にも書記官として出向。当時、日本は民主党政権に代わったばかりで、米軍普天間基地移設をめぐる首相、鳩山由紀夫の対応に危機感を持ち、自民党総裁の谷垣禎一《たにがきさだかず》に手紙を書いたことが政界入りのきっかけとなった。谷垣が当時、選挙対策局長（現・選対委員長）だった二階俊博に身柄を預けたことが二階派入りのきっかけとなる。あまり二階派に思い入れはなく、同派の若旦那、武田良太に嫌われている。本人は「当時、派閥というものがどういうものかよく分かっていなかった」と振り返る。

経済安保に辣腕ふるう

激化した米中ハイテク技術覇権競争により高まった経済安全保障の重要性にいち早く着目し、自民党内の議論を牽引してきた。小林は当選三回のとき、党の知的財産戦略調査会会長だった元自民党幹事長、甘利《あま り》明《あきら》に「党内に経済安全保障を議論する場がないんです」と訴えた。甘利はすぐに調査会に小委員会をつくり、非公開で議論を開始したほど、甘利からの信頼は厚い。

令和二（二〇二〇）年に発足し、甘利が座長を務めた自民党の新国際秩序創造戦略本部でも事務局長として政府への提言の取りまとめに奔走した。

提言は小林が自ら手掛けたもので、自身が岸田政権で経済安全保障担当相に抜擢された際に成立させた経済安保推進法の土台となった。

法案をめぐっては当時、策定責任者だった官僚のスキャンダルに見舞われたが、約五六〇回に及んだ国会答弁を乗り切り、法案成立にこぎつけた。

分かりやすい説明は共産党の田村智子からも、議場で呼び止められて褒められるほどだったという。

八月一九日の出馬会見で「目指す国づくり」として掲げた「真に自律し、他国の動向に右往左往しない日本」は経済安保を政府の重要政策に浮上させた小林の信念でもある。

エリート街道を歩んできたが、自身の評価は「政局観がない」。「歩きに勝る選挙はない」とも語り、徹底的に地元を回る。その際にはチノパンにポロシャツ姿、使い古したエコバックにパンフレットを入れ、配りながら歩く。「他国に依存していいかというと違う」と述べ、「外国企業の力も活用しつつ、目指すべきことを定めてやっていくべきだ」と強調した。

小林は半導体など先端産業の復権に力を入れていることで知られる。

国内の半導体産業をめぐっては次世代半導体の国産化を目指すラピダスが北海道千歳市での新工場建設を進め、半導体受託生産の世界最大手、台湾積体電路製造（ＴＳＭＣ）も熊本に工場進出しているが、これは彼の尽力あってのこと。

小林は、会見で「三年前、『今さら国が出てきても成功しない』と有識者に言われたが、半導体を供給する側に回るのか、される側に回るのか、その両者の分水嶺という認識だった。これからも一〇〇％成功するとは断言できない。できないが、国が民間とすり合わせながらビジョンを示し、どういうステップで、お金はどれくらいコミットするのかを示すこと（が大事だ）」と述べ、「『国がそこまで本気でやるなら、もう一回、半導体産業にかけてやろうじゃないか』

という五〇代以上の研究者が全国、全世界から集まって帰ってきている。そういう事例をつくっていきたい」と語った。

総裁選でスタートダッシュを決めた小林だが、小泉進次郎陣営からの激しい切り崩しにもあった。小泉を猛プッシュした元首相、森喜朗の地盤を引き継いだ佐々木紀《はじめ》は早くから小林擁立の中心メンバーとして活動していたが、森から引きはがされ、小林の出馬会見に姿を現さなかった。

総裁選への出馬で知名度を上げた小林が、試練を経て真の「悪党政治家」へ成長できるか。天下盗りへの戦いは始まったばかりである。

2 憲法改正に覚醒か!? 小泉進次郎

小泉進次郎を「悪党」だと感じている有権者はまずいまい。爽やかなルックスに、中身はそれほどないものの滑舌《かつぜつ》の良い演説、父は元総理大臣・純一郎、兄は人気俳優・孝太郎、妻は滝川クリステルと、どこを切り取っても「悪党」のアの字も出てこない。

入れ墨大臣と呼ばれた曾祖父・又次郎以来、四代にわたる政治家一家に生まれた進次郎の苦労といえば、幼いときに両親が離婚し、中学二年生まで伯母を母親と信じて育ったことぐらい。代々引き継がれてきた選挙地盤は、対立候補が出ようにも出られないくらい強固で、公明党・創価学会にあまり気を遣わなくてもよく、がむしゃらに政治資金を集めなくてよい環境で政治家になったのだから「悪党」になりようがない。

平成二〇（二〇〇八）年、元首相・純一郎が引退を表明し、彼を後継者に指名した時点で当選が決まったようなもの。

事実、自民党が大敗し、民主党が大勝して政権交代が実現した翌年の衆院選に初出馬したが、

小泉進次郎
出典：首相官邸ホームページ

得票率五七・一％を獲得して圧勝した。このとき自民党公認候補の初当選は、五人のみで、このうち小選挙区で勝ったのは小泉を含めわずか三人だった。

選挙期間中のみならず、「進次郎人気」は当選後も続き、新人議員ながら全国各地から応援要請が相次いだほどで、今も選挙戦で進次郎が街頭に立てば、たちまち黒山の人だかりになる。

初当選以来、五回連続当選を重ねたが、いずれも危なげのない完勝だった。

令和元（二〇一九）年八月七日、滝川クリステルと二人そろって首相官邸を訪れ、首相の安倍晋三と官房長官の菅義偉《すがよしひで》を訪ねた。その後首相番記者たちの前に現れて「二人の結婚と妊娠を報告しました」と語って、記者たちを仰天させた。何しろそれまで二人の関係は、「文春砲」など週刊誌や芸能メディアに一度も報じられていなかったからだ。

その翌月、結婚のご祝儀の如く第四次安倍第二次改造内閣で、環境大臣に抜擢された。

このとき小泉は三十八歳。男性としては戦後最年少で大臣になった。

「進次郎構文」と揶揄の対象に転落

まさに順風満帆を絵にかいたような政治家人生だが、期待されて起用された環境大臣時代に馬脚を露わすことになってしまった。

彼の大臣としての発言が、現実離れしていたり、揚げ足をとられぬよう同じ言い回しを繰り返したりして、「進次郎構文」と揶揄《やゆ》されたのである。

たとえば東京電力福島第一原発事故を起因とする除染廃棄物を中間貯蔵施設から三十年以内に県外に搬出する問題について質した記者団にこう答えた。

「私の中で三十年後を考えたときに、三十年後の自分は何歳かなと発災直後から考えていました。だからこそ私は健康でいられれば、三十年後の約束を守れるかどうかという、そこの節目を見届けることが、私はできる可能性のある政治家だと思います。だからこそ果たせる役割もあると思うので」

確かに詩的で誠実そうな雰囲気は出しているのだが、「三十年後」というキーワードをちりばめているだけで、何も言っていないに等しい。

地球温暖化などを議論する国連の気候行動サミットに出席したときにも「気候変動のような大きな問題は楽しく、クールで、セクシーに取り組むべきです」とやって海外メディアからも叩かれた。

日本政府が温室効果ガス削減目標を二六％から四六％に引き上げたことには「くっきりとした姿が見えているわけではないけど、おぼろげながら、浮かんできたんです。四十六という数字が」とTBSテレビで発言して案の定、炎上した。

「石丸構文」バッシングで再評価

「進次郎構文」の決定版は、次に紹介する「反省」バージョンだろう。

新型コロナウイルス禍が猛威をふるいつつあった令和二（二〇二〇）年二月一六日、環境大臣だった小泉は、地元の後援会出席を優先して政府の感染症対策本部会合を欠席した。

さっそく三日後に衆院予算委員会で野党から攻撃され、立憲民主党議員から「『反省をしている』と言うが、本当に悪いと思っている謝り方なのか」と追及された。

そのとき進次郎、慌てず騒がずこう答弁した。

「私が会議を欠席して、地元の会合に出席してきたことは問題であるという指摘を受け、改めて私としては真摯《しんし》に受けとめて反省している。『反省をしているとは言っているけれども、反省の色が見えない』というのは、まさに私の問題だ。なかなか反省が伝わらない自分に対しても反省したい」

落語の寿限無《じゅげむ》のような語り口であり、巧みに謝罪を回避しているのもなかなかの腕前である。

そんな悪評サクサクだった「進次郎構文」だが、ひょんなことから再評価されるようになった。

今年（二〇二四）七月に東京都知事選に出馬し、約一六五万票を獲得して一大旋風を起こした石丸伸二のおかげである。

彼は気に入らない相手に「同じ質問を繰り返されてます？　さっき答えたばっかりですけど」と攻撃的な口調でやっつける癖があり、「石丸構文」と揶揄されている。

そんな「石丸構文」と比較され、SNS上で「進次郎構文」は、「進次郎には愛がある」「平和的でいい」など好感をもたれてきているのだ。

憲法改正、一点突破なるか

そんな政治家としてはまだまだ修行中の彼が、総理大臣の座を狙うのはまだ早いと、つい最近まで私もそう思っていた。

父の純一郎も「五十歳までは総裁選に手を挙げさせない」と語っていた時期もある。

しかし、安倍晋三亡きあと、憲法改正を実現させる情熱と行動力を持っている自民党政治家は、今のところ彼しかいないのではないかと思い至った。

安全保障や経済・財政、社会福祉など政策に強い政治家は、自民党のみならず他党にも多くはいないが、そこそこはいる。小泉進次郎は、彼ら彼女ら政策通に比べてまだまだ勉強不足だ。リーダーシップにしても酸いも甘いもかみ分けた「悪党政治家」よりは、どうしても落ちる。

そんなナイナイ尽くしの進次郎に、他の政治家と比べて格段に優れているのが、父親から遺伝したとしか考えられぬ大衆を魅了する力だ。

父の純一郎は、自民党総裁選で「自民党をぶっ壊す」と獅子吼《ししく》して本命・橋本龍太郎を大差で破った。首相になってから「改革の本丸」と位置付けていた郵政民営化法案が参院で否決されると、「それでも郵政民営化は正しい」とガリレオの如き名言を吐き、衆院を解散、総選挙に打って出た。

しかも郵政造反組三十七人に「抵抗勢力」のレッテルを貼り、小池百合子ら「刺客」を放って劇場型選挙を演出した。

そもそも同法案は衆院で可決していたわけだから参院での否決を理由に衆院を解散するのは無茶苦茶な論理なのだが、国民は熱狂し、小泉の一言一句に喝采した。

私も何度か小泉遊説を取材したが、群衆が十重《とえ》二十重《はたえ》に演説する小泉を取り囲み、「ウォー」という地響きのような歓声をあげたのを一度ならず何度も聞いたのは、三十八年以上にわたる新聞記者生活で後にも先にもこのときだけだった。

遊説する小泉純一郎　© 産経

結果が自民党圧勝に終わったのは、言うまでもない。
そんな父のDNAを強く意識しているのが、進次郎だ。総理大臣の椅子を意識し始めた彼は最近、憲法改正問題に熱心に取り組み始めている。
父にとっての郵政民営化が、息子にとっての憲法改正なのである。

令和六（二〇二四）年の盛夏、衆院議員会館を訪ねて「なぜいま憲法改正なのか」と彼に尋ねると、こういう答えが返ってきた。

「党が危機的状況にあるときこそ、原点回帰しなければならない。自民党は自主憲法制定というのが結党のルーツであり、憲法改正と言って反対の人はいないはずなんです。来年結党七十周年を迎える今こそ、憲法改正を政治日程に載せないといけない」

でも安倍さんも岸田さんも憲法改正を「やるやる」と言いながらできなかったのではないか、と混ぜ返すと、こう反論した。

「安倍さんも岸田さんも憲法改正に並々ならぬ熱意があった。だが、一度も憲法改正に関する国民投票が実施されていないのは、最初の国民投票で否決されるのを恐れたからではないか。初回は否決されるのは織り込み済みで、二回目以降で決着をつける戦術をとらないと、いつまで経っても改正なんてできない」

これは一本とられた。

憲法改正に熱心に取り組んだ安倍晋三も岸田文雄も結局、国民投票実施のはるか手前で断念してしまった。

さまざまな理由がさまざまな立場から挙げられてはいるが、要は与党が一時的にせよ形の上では、衆参両院で発議に必要な三分の二以上を占めてはいても公明党・創価学会が改正に慎重な姿勢を崩していないことが最大の理由だろう。

それを進次郎は、とにもかくにもまずは、国民投票の実施までもっていこうというのだ。

しかも国民投票一回目の失敗は織り込み済み、というのだからリアリティもある。

彼は今年、四十三歳。敬愛しているジョン・F・ケネディが米大統領に就任した年齢である。

これも何かの運命か。

良い意味での「悪党政治家」に進次郎が脱皮するには、まだまだ時間がかかる。

だが、彼の政治的成長を待てるほどこの国に余裕はないのだ。

3 悪党になることが総理の道 高市早苗

安倍の死を最も悲しんだ政治家

日本初の女性宰相候補と言われ、月刊「Hanada」など保守言論界から絶大な支持を得ながら、あと一歩、二歩及ばないのが、高市早苗《たかいちさなえ》である。

三年前の自民党総裁選では、安倍晋三の全面バックアップを受け、大健闘したが、伸び悩んでいる。

以下は、二年前に彼女について書いた論評である。

親族以外に世界中で安倍の死を最も悲しんだ一人が彼女であるのは、間違いない。

暗殺されたのが、こともあろうに彼女の選挙区がある奈良県であり、銃撃直後には「(参院奈良選挙区は自民党優勢で)二回も応援が必要ないのに高市が無理を言って元首相にきてもらったからこんなことになった」というデマ、中傷まで流れた。

それでなくとも岸田らと総裁の座を争った自民党総裁選で善戦できたのは、安倍の存在あってのこと。元首相自ら受話器をとって票集めに奔走、あわや決選投票進出か、というところまで追い込んだ。総裁選後に自民党三役である政調会長を射止めたのも元首相の後ろ盾が最後の決め手となった。

高市は、平成二四（二〇一二）年の自民党総裁選で、清和会を離脱した。総裁選に立候補した当時の派閥会長、町村信孝ではなく、再起を図る安倍を全身全霊で応援するための「脱藩」だったが、派閥の仲間からはスタンドプレーとみられ、いまだに無派閥だ。

高市早苗
出典：首相官邸ホームページ

次回の総裁選にも立候補するには、二十人の推薦人を確実にするため新たに「高市グループ」を結成するか、清和会に出戻るしかないのだが、後者は、最大の理解者だった元首相なきいま、ほとんど不可能に近い。ただでさえ、派内には萩生田光一、西村康稔、松野博一らとポスト岸田を狙う幹部が目白押しなのに、高市の座る席があろうはずはない。

安倍晋三
出典：首相官邸ホームページ

新グループ結成も至難の業である。一時は総理の座をうかがう勢いだった石破派が空中分解したのも、ライバルの安倍から徹底的に人事でメンバーが干されたり、一本釣りされたこともさることながら、政治資金集めに難渋した点も見逃せない。

理念と政策だけでは、人は集まらない。カネとポストの切れ目が縁の切れ目なのは、昔も今も永田町の真理なのである。

ただ、彼女にはまだツキが残っている。

幸いだったのは、岸田が内閣改造党役員人事で、高市を無役にすることによって起こるであろうハレーション、つまり保守層の離反を恐れ、経済安全保障担当相というポストをあてがったことだ。

見栄えが良くて、官僚の部下も少ない「経済安全保障」担当に彼女を据えれば、虎を野に放つ愚は避けられる。岸田にとって実害のない渡りに船の好手だったのである。

（『安倍なきニッポンの未来——令和大乱を救う13人』ビジネス社）

足りないのはコミュニケーション力

さて、二年経って彼女はどう成長したか。

経済安全担当相として堅実に仕事をこなし、『日本の経済安全保障——国家国民を守る黄金律』（飛鳥新社）という本まで書いた。各地で開かれる講演会は千客万来。今や小泉進次郎と勝るとも劣らない自民党きっての人気弁士となった。

選挙ともなれば、令和三（二〇二一）年の衆院選でも翌年の参院選でも呼ばれれば、自らの選挙区にはほとんど戻らず、全国を飛びまわっている。

ところが、いざ総裁選となると、何もかも投げうって高市のもとに馳せ参じる議員が少ないのである。彼女自身、前回総裁選以降、国会議員の仲間を増やす努力をあまりしてこなかったのは事実。本人もジャーナリストの櫻井よしこに正直に語っている。

「この三年間、私が続けてきたのは、前回私を応援した方だろうが、別の候補者を応援した方だろうが分け隔てなく応援を引き受けてきた。『自民党が強くなるのだったら』と思って働いてきました。もうそれだけです。その他の努力はあまりしていません」

（「言論テレビ」令和六年八月二日）

そう。応援演説の依頼を断らず、快く引き受ける以外は、めだった多数派工作をしてこなかったのである。これでは勝負にならない。

大多数の派閥が解消された今、多数派工作といっても昔ほど難しいものではなくなってきている。

あるベテラン議員はこう語る。

「彼女の欠点は、自分から積極的にどっち付かずの議員どころか、高市シンパの議員たちも飲み会に誘わないことだ。呼ばれたら参加するわよ、という感じではどうしても親しみがわかない。要はコミュニケーション能力不足だ」

自民党のリーダーは、ある種の「土俗性」が暗黙のうちに求められてきた。言い換えれば、山賊の棟梁《とうりょう》のようなエネルギッシュで、過剰なまでのコミュニケーション能力のある「土の匂いがする悪党政治家」が、個性豊かな議員たちを束ねてきた。

田中角栄を筆頭に、金丸信、渡辺美智雄、亀井静香らが典型で、現役では二階俊博といった政治家たちだ。

そんな彼らに比べると、彼女には、圧倒的に「悪党」力が足りない。

二つの天井をぶち破る悪知恵が必要

ただ、若き日の高市は、そうではなかった。両親が共働きのサラリーマン家庭に生まれ、大学も政治家をあまり輩出していない神戸大学経営学部で学んだ彼女は、政界に何の伝手《つて》もなかった。今どき珍しい「叩き上げ派」なのである。

大学卒業後、松下政経塾に飛び込み、ワシントンの米下院議員事務所で下働きをするなどの武者修行を経て、テレビ朝日の深夜番組に蓮舫らと出演してから政治家への道が開けてきた。

各局でテレビ出演を重ね、知名度をあげた彼女は、平成四（一九九二）年の参院選に奈良選挙区から自民党公認候補として出馬すべく公認申請を県連に提出した。ところが、奈良選挙区には世襲の新人候補が準備をしており、調整は難航した。困り果てた県連は、県連の拡大役員総会を開いて投票で候補者を決めることにし、僅差で世襲候補が選ばれた。収まらない高市は、無所属で参院選に挑戦するも件《くだん》の世襲候補に惨敗した。

めげない彼女は、翌年の衆院選に奈良選挙区から無所属で出馬し、見事当選した。

若き日の高市は、ギラギラとした野心をたぎらせ、本人が認めているようにエネルギッシュな「肉食系」だった。いわば「悪党政治家」予備軍で、誰彼構わず声をかけ、コミュニケーション能力も高かった。

当選後ほどなく、柿沢弘治率いる自由党に入党し、その年のうちに同党が新進党に合流したため、二回目の選挙は、新進党公認で出馬し当選した。

転機となったのは、平成八（一九九六）年。新進党を離党し、自民党に鞍替えしたのだ。新進党に未来はないと、早々と見切った変わり身の早さは、「善人政治家」にはとてもできない。

自民党に移籍してから十年は、他の議員同様、修行を重ねて少しずつキャリアアップしていったが、安倍晋三が平成一八（二〇〇六）年に首相になると、内閣府特命担当大臣として初入閣を果たした。

第二次安倍政権では、「えこひいきが過ぎる」との声が安倍派内から出るほど、安倍は高市を要職につけ続けた。自民党政務調査会長を皮切りに、総務大臣やマイナンバー担当大臣などを歴任させたのも将来の総理候補として育てようという意図からだった。

だが、最大の理解者で、庇護《ひご》者だった安倍はもういない。

しかも皮肉なことに、当選回数を重ね、大臣や党の要職を何度も経験したことによって政治家として成熟し、かつてのギラギラしたエネルギッシュさが薄れた。鋭《するど》すぎた角がとれて「善人政治家」化してしまったのである。

自民党には、女性政治家が総裁になったことのない「ガラスの天井」の他に、自民党生え抜きでないと首相になれない「生え抜きの天井」もある。

この二つの天井をぶち抜くのは、相当の腕力と悪知恵が必要だ。つまり、「善人政治家」では無理なのである。彼女が再び「悪党政治家」になれるかが、日本初の女性宰相誕生への最終関門となろう。

4 常に次期総理ナンバーワン 石破 茂

世論調査では高い支持率

本人は否定するだろうが、石破茂《いしばしげる》という政治家は、相当屈折しているとはいえ、「善人政治家」の範疇《はんちゅう》に入る。とにもかくにも悪いことができないのである。

危ない橋を渡って政治資金をつくるなど、「悪事」ができていれば、とっくに総理大臣の椅子に座っていただろう。

彼は、産経新聞でも朝日新聞であっても、どんな報道機関が実施した世論調査でも「次の首相（自民党総裁）にふさわしい人」ナンバーワンに輝いてきた。

時事通信が令和六（二〇二四）年七月五日から八日ま

石破茂　©産経

で対面で実施した世論調査によると、「次の自民党総裁にふさわしい自民党国会議員」第一位になった石破の支持率は二二・一％と元環境大臣、小泉進次郎の二倍以上の人気を集めた。ちなみに人気ベストセブンは次の通り。

①石破茂　二二・一％
②小泉進次郎　一〇・九％
③菅義偉　五・二％
④河野太郎　五・一％
⑤高市早苗　四・〇％
⑥岸田文雄　三・二％
⑦上川陽子　三・一％
（丸カッコ数字は順位）

石破は、二位以下に圧倒的な差をつけているだけでなく、自民党支持層に限っても二六・二％と、二位の小泉（一〇・七％）を大きくリードした。

原点は政治改革

なぜそれほどの国民的人気があるのか。

自民党が野党時代の平成二四（二〇一二）年の総裁選で、党員票で安倍晋三をリードしながら決選投票で敗れた彼への判官贔屓もある。

本人に言わせれば、「知名度が高いことと、内閣の外にいるので比較的自由に発言できるから」ということになるが、もちろんそれだけではない。

ここからは、筆者のまったくの私見となる。

私は昭和六一（一九八六）年、新聞記者になったが、彼も昭和六一年の衆参同日選挙で初当選した。リクルート事件が猖獗を極め、政治改革の必要性が強く求められていた平成初頭には、「政治改革を実現する若手議員の会」の中心的存在として活躍していた。私も平成元年六月に念願の政治部に配属され、政治改革運動を中心に取材しただけに、石破ら若手議員たちを勝手に「同期の桜」と思い込んでいる。

「政治改革を実現する若手議員の会」は、元官房長官、後藤田正晴を本部長として自民党に設置された政治改革推進本部の別動隊というべき存在から出発し、衆院への小選挙区比例代表制導入に大きな役割を果たした。メンバーも渡海紀三朗《とかいきさぶろう》、岩屋毅、簗瀬進《やなせすすむ》ら血気盛んかつ理論派の議員が多かった。

「三つ子の魂百まで」とはよくいったもので、彼らの共通点は、「善人」である。旧来の利益誘導型政治から脱却するためには、選挙制度改革をはじめとする政治改革を断行せねばならない、という信念があった。特に石破は、政治改革だけでなく、安全保障政策にせよ、憲法問題にせよ、自らが信じる「正論」を展開してきた。彼は常に「自分が正しいと思うことを自由に述べられなくては、政治家になった意味がない」と語っている。

そんな自民党議員らしからぬ善人さが、国民から支持されている大きな理由ではないか。

石破は生まれながらの「二世議員」というわけではない。

鳥取県知事から参院議員に転じ、在職中に亡くなった石破二朗を父に持つが、生まれたとき、父・二朗は建設事務次官だった（当時四十八歳）。

ほどなく二朗は鳥取知事選に出馬、当選するが、このレールを敷いたのが、田中角栄だった。参院議員に転じた二朗が昭和五六（一九八一）年に急死した直後、石破に「お前が跡を継げ」と厳命したのも角栄だ。

慶應義塾大学を卒業後、三井銀行でサラリーマン生活を送っていた石破には、青天の霹靂《へきれき》だったが、「意気に感じるところがあった」と銀行を辞める決意をする。

角栄が主宰する木曜クラブの事務局員となったのは、昭和五八（一九八三）年。その三年後に衆院鳥取全県区（当時の定数は四）に出馬するのだが、すんなりと出馬できたわけではなかった。

そもそも父は参院議員で、当時二十歳台だった彼には参院選の被選挙権さえなかった。狙いを衆院鳥取選挙区に替えても田中派からは現職の衆院議員が立候補しており、彼の立場は危ういものだった。

結局、中曽根派（政策科学研究所）幹部の渡辺美智雄が面倒をみていた現職議員が引退する地盤を引き継ぐ形で出馬できることになり、田中派から「里子」に出されることになったのだ。

当選後は、政科研に所属したが、「本籍・田中派・現住所・政科研」と揶揄された。それゆえ派内では浮いた存在で、のちの離党劇につながっていく。

なぜ石破茂は嫌われるのか

自民党の党員が普通に考えるなら、衆参両院の国政選挙を戦うためには国民に人気のある政治家を総裁に据えるのが定石だ。

ならば令和六（二〇二四）年の総裁選以前に、石破がすんなり総裁になっていてもおかしくなかった。だが、歴史はそうならなかった。総裁選出馬には二十人の国会議員の推薦が必要だが、それすらも苦労した。自民党内、特に国会議員の仲間内で、あまり好かれていない。はっきり書けば、嫌われているからだ。そもそもなぜ、自民党議員から嫌われるのか。

第一に彼には、自民党を「裏切った」過去があるからだ。

自民党から一度離党し、再び自民党に戻った政治家は、少なくない。河野洋平、西岡武夫、二階俊博、海部俊樹らそうそうたる名前がそろうが、復党後に総理大臣の座を射止めた者はいないというジンクスがある（海部が首相になったのは離党前だ）。

石破は、平成二（一九九〇）年の総選挙で二回目の当選を果たし、ますます政治改革運動にのめりこんでいく。平成五（一九九三）年、政治改革関連法案をめぐる党内対立では、もちろん法案成立を求め、宮澤喜一政権を突き上げた。

結局、政治改革法案は廃案となり、石破は内閣不信任案に賛成したが、不信任案に賛成して離党、新生党をつくった小沢一郎、羽田孜らのようにすぐに離党しなかった（武村正義、鳩山由紀夫らは不信任案に反対したあと、新党さきがけをつくって離党した）。

平成五年の総選挙で、石破はトップ当選を果たした。離党し、小沢一郎が実質的に率いていた新生党に入党したのは、選挙後に自民党が野党に転落し、河野洋平が新総裁に選出されてからで、あとになって本人は次のように語っている。

「河野総裁の下では、憲法改正論議を凍結する、という方針だったことが原因でした。長年、憲法改正を党是としてきた自民党が下野したからといってその旗を降ろすのはまったく理屈に合いません」（「デイリー新潮・令和三年一一月三日配信」）

確かに石破の言うことは理屈があっているが、結果的には新生党に最初から入っていたほうが、すっきりしていた。石破はその後、野党になった新生党を中心とする新政党・新進党結党にも参加するが、安全保障政策の違いなどを理由に離党し、次の総選挙ではまたも無所属で出馬し、当選した。

突き放してみれば、自民党の下野が確定してから自民党を離党し、非自民に移ってからも新進党の実状から政権交代は不可能だと見切って離党したとみえなくもない。

石破が嫌われているもう一つの理由は、「面倒見がよくない」点だ。

石破は、若き日に田中角栄率いる木曜クラブの事務局員として選挙に備えた。「戸別訪問して握手した数しか票にならない」という角栄直伝の教えは、石破の骨となり、身となって、鳥取に盤石の選挙地盤を築くもとになった。

だが、角栄のもう一つの大きな武器だった「カネ」については、つくり方から配り方までまったく継承することはなかった。

「政治改革を実現する若手議員の会」のリーダーとしての立場もあったが、角栄を反面教師としたといってもいい。

だが、「カネの切れ目が縁の切れ目」を地でいく永田町では、それだけでは通用しない。しかも「根本的な価値観を異にする人とはいっしょにやれない」と公言するリーダーのもとに集うメンバーは、自ずと限られてくる。

自民党では、二階俊博のようなイデオロギーに無頓着で、来るものは拒まず、選挙やポストの「面倒」をみてくれるのが、「話のわかる優れた領袖」と評価されるのだ。しかも「石破グループ」に入っても金銭的援助が見込めないだけでなく、ポストも回ってこないでは、来る人より去る人のほうが多いのもむべなるかな。

安倍晋三が最も憎んだ男

だが、それよりも嫌われている最大の要因は、元首相・安倍晋三と決定的に対立したまま、「和解」する機会もないまま、安倍が鬼籍に入ったことだろう。

安倍は、第二次安倍政権発足当初こそ、石破を自民党幹事長に起用して融和を図ったが、平成二六（二〇一四）年九月の内閣改造・自民党役員人事で幹事長留任を求める石破に対し、安保法制担当大臣起用を打診して対立。結局、石破は地方創生担当大臣として入閣することで妥協が成立したが、二人の間に大きな亀裂が入った。

決定的だったのが、平成三〇（二〇一八）年の自民党総裁選だった。

三選を目指す安倍に対し、石破は、森友・加計問題を念頭に「正直」「公正」をスローガンとして真正面から戦った。

生前の安倍が、この総裁選でいかに石破を敵視し、徹底的に石破派を殲滅《せんめつ》しようとしたかは、

『安倍晋三回顧録』（中央公論新社）を読めばよくわかる。

安倍は同書で、総裁選をこう振り返った。

「野党と戦っている気分でしたね。私が弱っている時には、ここぞとばかりに襲いかかってくるなあと思いました」

安倍は総裁選で三選を果たすも、石破も予想を上回る二五四票（得票率三一・五％）をとった。総裁選後の内閣改造で安倍は、石破派の山下貴司を法相に一本釣りした。その意図は、明白だった。

「総裁選で石破さんは、日露交渉について『経済協力をしたから、領土問題が前進するとは思わない』と言い、日朝関係に関しては『平壌に連絡事務所を開設する』と打ち出していました。あまりにも私と考え方が違ったので、それならば石破派からは一本釣りして驚かせてやろう、と考えたのです。（中略）内閣改造の直前、彼には『君の名前が表に出たらつぶされるから、絶対に口外するな。石破さんにも言ってはいけない』と伝えたのです」

山下はほどなく石破派を離脱した。石破もまた安倍への憎しみを倍加させたのは言うまでもない。

なれるか「悪党政治家」

政事（まつりごと）は、祭事（まつりごと）に通じる。

長い歴史を持つこの国では、怨霊信仰が人々の心を捉え、行動規範にもなってきた。代表格が菅原道真《すがわらのみちざね》だ。政争に敗れ左遷された九州・大宰府で憤死した道真は怨霊となって朝廷や彼を陥れた藤原家に報復したと信じられ、北野天満宮が建立された。やはり平安時代、関東の地で朝廷に反逆した平将門《たいらのまさかど》も死後、祟りをなしたと信じられ、人々は神田明神として敬うことで、怨霊を鎮めようとした。その結果、将門は江戸の総鎮守となった。

昔から日本人は、祟りをなすような強い怨霊は戦って滅ぼすのではなく、敬うことで霊を鎮め、逆に守護神になってもらおう、という合理的判断をしてきた。

江戸の総鎮守、神田明神

令和四（二〇二二）年七月八日に、凶弾に倒れた安倍晋三の霊は、いまだ荒々しくこの国の上空を漂っているように私には思えてならない。そんな彼の霊を慰めるには、安倍にとって最大の敵対者だった石破が、山口県長門市にある安倍家の墓か銃撃現場の奈良市西大寺駅前を訪れて頭を垂れるのが一番だ。

現実に「祈り」が形勢を大逆転させた自民党総裁選があった。

平成一三（二〇〇一）年、小泉純一郎が橋本龍太郎らを破った総裁選である。当初、劣勢だった小泉は、鹿児島県・知覧の特攻基地跡にある記念館を訪ねて涙し、首相になったら毎年、終戦記念日に靖国神社を参拝すると公約した。これを一つのきっかけとして「小泉ブーム」が巻き起こり、小泉は地滑り的に勝利した。

特攻隊員ら靖国に眠る荒ぶる魂を慰めたことによる勝利と言っても過言ではない。

実はそれまで小泉は、熱心に靖国に参拝していたわけではなかったのだ。

小泉陣営は当時、橋本が会長を務めていた日本遺族会が党員票の大票田だったことに目をつけ、首相の靖国参拝を公約とすれば、遺族会の支持を取り付けられ、逆転の切り札になると冷徹に計算したのだ（橋本は首相在任時に靖国神社を非公式参拝したが、中国の強い反発を招き、総裁選では公約にできなかった）。

旧安倍派は、解体されてしまったとはいえ、最盛期には一〇〇人を数えた最大派閥で、今も安倍を慕う議員は数多い。石破が「安倍の霊」を鎮められれば、党内情勢は一変するだろう。

彼がいま、安倍をどう評価しているかは、問題ではない。アベノミクスにせよ憲法問題にせよ批判的スタンスを維持しているが、そんなことは二の次にして多数派工作を最優先にせねばならぬ。

「善人政治家」石破に、最も欠けているのは、「悪党政治家」なら簡単にできる心にもないパフォーマンスを平気で演じきることなのである。

政治は、結果がすべてなのだから。

5 総理になれない名門からの脱却 河野太郎

世襲議員でなければ総理にあらず？

世襲議員の跋扈《ばっこ》は、よくも悪くも日本政治の現在地を鮮やかに映し出してくれる。何しろ過去二十年間で、総理大臣が世襲議員でなかったのは、民主党政権の菅直人、野田佳彦の二人と自民党政権では、菅義偉ただ一人。三人の在任期間は、いずれも短く、三人合わせてやっと岸田文雄一人分にしかすぎない。

しかも非世襲議員の総理大臣が、世襲議員出身の総理大臣より優れていたかというと、鳩山由紀夫は例外としても首を傾げる人の方が多いだろう。

その鳩山の祖父は、鳩山一郎。麻生太郎の祖父は吉

河野太郎
出典：首相官邸ホームページ

田茂、安倍晋三の祖父は岸信介と、一代おきに総理大臣がでているのも偶然ではない。

世襲議員にあらずんば、総理大臣になれない時代になってしまったのである。

総理大臣を出せない「河野家」

そんな世襲全盛時代にあって三代にわたって有力政治家を輩出しながら、トップの総理総裁にたどり着けていない「名家」がある。

そう、河野家である。

太郎の祖父、河野一郎は、すでに触れたように典型的な「悪党政治家」だった。

残念ながら総理大臣まであと一歩のところで急逝した。あまりにも突然の死で、心の準備なく後継者となった息子の洋平は、得体のしれない人々とも付き合い、カネ集めも平然とやってのけていた父の清濁併せ呑む政治スタイルが、イヤでイヤで仕方なかったのだろう。

衆院議員になると、憲法改正が悲願だった父とは真逆のハト派路線をひた走り、ロッキード事件を機に「金権政治打破」を掲げて自民党を脱党、新自由クラブを旗揚げしたのも父を大いに意識してのことだったはず。のちに自民党に復党して野党転落直後には総裁にまで登りつめたものの、最後は同じ宏池会の加藤紘一に反旗を翻された。再選を期した総裁選に出馬できず、総理大臣一歩手前で父同様、涙をのんだ。

では、太郎はどうか。

彼は慶應義塾中学から同高校を経て慶應義塾大学経済学部に進学するも二か月で退学。単身、アメリカに渡って英語の勉強をした上、ワシントンのジョージ・タウン大学に入学し比較政治学を学んだ。

河野三代きってのインテリで、英語も流暢だ。

岸田文雄らと争った令和三（二〇二一）年の総裁選では、人気者の石破茂、小泉進次郎と「小石河」連合を組み、一回目投票では、党員票で大きくリードし、トップに立った。

あわや、というところまでいったが、国会議員票が主体の決選投票では、安倍晋三が主導した岸田と高市早苗の「二・三位」連合に屈し、一敗地に塗《まみ》れた。

このときの、敗因として所属する麻生派の大半が岸田に投票したことが挙げられ、三年後の総裁選では、派閥領袖である麻生にまず仁義を切って、支持を得てから実質的な選挙戦をスタートさせた。

ところが、前回は河野を応援した石破と小泉が揃って出馬、党員票の奪い合いになってしまったのである。

これでは勝負にならない。

前回、「小石河」連合を陰で仕切っていた元首相、菅義偉が再三、河野に麻生派から出て無派閥で戦うようアドバイスしたにもかかわらず、決断できず、小泉支持に舵を切った菅から見捨てられてしまった。

政局勘が、父同様乏しいのは否めない。

もちろん、祖父のような「悪党政治家」では、更々ない。

麻生太郎
出典：首相官邸ホームページ

同時に父のようなゴリゴリのリベラル派でもない。

もう一つの弱点は、基本的に人嫌いな性格にある。

新型コロナ禍が、一応終息したあとでも、重要会議も記者会見もリモートでやりたがった。

これでは、付き合いも表面的になりがち。彼の担当になっても「どうしても河野を総理にしたい」とファンになった記者は聞いたことがない。

記者だけではない。議員仲間との交流も薄い。よくも悪くも子分とは一心同体、親分肌だった祖父の一郎とは大違い。

麻生太郎から「もっと派閥の若い奴らと飲み歩け」と訓戒を垂れられ、しぶしぶ会合を重ねてはいるものの「大臣（河野）がデジタルの話なんかを一方的にするだけで盛り上がらない」（出席者）と言われる始末。

河野の「右腕」だった男

それでも三年前の総裁選では、河野の手足となって動いた若手議員もいた。

「河野さんは『お前は一体何者だ』と驚いていました。『地方議員です』『党派は？』『自民党です』『おお、自民党か！　珍しいな』。私を気に入ってくださったようで、その日から師弟関係を超えた交流が始まりました。

やがて、『お前、国会議員になれよ。俺と一緒に働こう』と誘われ、……」

（『自民党発！「原発のない国へ」宣言』秋本真利、東京新聞）

以上は、法政大学大学院で、講師を務めた河野太郎と「核燃料サイクル」と「プルサーマル」との違いに関する問答を通じて運命的な出会いをし、彼の引き立てによって市議から国会議員に駆け上がった男の物語である。版元も「反原発」報道に熱心な東京新聞と申し分ない。物語の主が、東京地検特捜部に逮捕された衆院議員（当時）、秋本真利《まさとし》であることを除いては。

日本風力開発から多額の賄賂を受けとったとの嫌疑をかけられ、逮捕された秋本は、数少ない河野側近の中でも特別な存在だった。滅多に他人を褒めない河野が、「私の右腕だ」と公言し、秋本の著書『自民党発！「原発のない国へ」宣言――2050年カーボンニュートラル実現に向けて』の帯に「俺よりすごい、自民党一の『脱原発』男だ」という惹句《じゃっく》を顔写真付きで寄せたほど。

自民党議員としては、異色の「脱原発」を主張し続けた秋本は、平成二八（二〇一六）年三月、党内に「再生可能エネルギー普及拡大議員連盟」（会長・柴山昌彦）を立ち上げ、翌年、事務局長に就任した。

だが、風力発電会社との癒着《ゆちゃく》がすぎて司直の手に落ちてしまったのである。

「脱原発」を政策の大きな旗印にしてきた河野にとっても秋本を失ったことは大きい。令和六（二〇二四）年九月の総裁選を前に、原発に理解を示すかのような発言をし始めたことも「秋本逮捕」が微妙に影響している可能性がある。

いずれにせよ河野の総裁選三度目の挑戦は、厳しいものとなった。

いい線までいくのにトップになれない河野家の「宿命」を、太郎が打ち破る日は来るのだろうか。

第4章

〝正義〟は今日も大暴走

1 コンプラ、SDGsが国を滅ぼす

エンロン事件がコンプライアンスを化け物にした

それにつけても、水戸黄門の印籠じゃああるまいに、何でもかでも英語の頭文字をくっつけりゃあ、へへへイと頭を下げなきゃならぬ嫌な世の中になってしまった。

なかでも猛威をふるっているのが、コンプライアンス（Compliance）だ。

コンプライアンスとは、もともと「要求や命令に従うこと」を意味していたが、日本語では「法令遵守」と訳されることが多い。

コンプライアンスが本格的に意識され出したのは、一九九〇年代初頭のアメリカだと言われている。アメリカでは一握りの巨大企業が寡占状態をつくりあげ、独占禁止法違反や贈収賄事件が頻発。対策として「連邦量刑ガイドライン」が一九九一年に法制化された。

企業が法令遵守のためコンプライアンス・プログラムをつくり、有効に実施していれば、たとえ法令違反で有罪判決を受けても罰金が減額されることになった。

以降、企業防衛のため、大企業を中心に次々とコンプライアンス・プログラムが制定されていった。ほぼ同じころ保険業界を中心に、リスクマネジメントという概念が一般化し、リスクを減らすためにコンプライアンスは必要不可欠なものとなった。

アメリカがくしゃみをすれば、日本は風邪をひく。

日本で「コンプライアンス」が新聞紙上をはじめメディアを大いに賑わすようになったのは、アメリカから数年遅れの平成九（一九九七）年になってからだ。

総会屋への不正な利益提供、株売買の損失を隠す「飛ばし」など証券不祥事が一気に噴出し、同年一一月には山一證券が自主廃業に追い込まれた。同月一七日には北海道拓殖銀行も破綻した「金融危機」の年だった。

ここまでは、「コンプライアンス」も比較的大人しい存在だったが、二十一世紀に入ると、その存在は肥大化し、魔法の呪文の如き言葉となった。

引き金となったのは、二〇〇一年に発覚したエンロン事件だ。

エンロン事件とは、アメリカの大手エネルギー会社・エンロンが、監査法人もグルになって売り上げの巨額水増しを繰り返し、倒産した事件で大きな波紋を呼んだ。

エンロンは当然、コンプライアンス・プログラムを制定しており、「コンプライアンスなんてクソの役にも立たない」と評価するのが普通なのに、「倫理観を持ったコンプライアンス経営が必要だ」という倒錯した教訓を引き出してしまった。

この事件以降、コンプライアンスは、「倫理観」という誰も反対できない武器を持つようになり、「倫理観を持ったコンプライアンス経営」は、凡百のコンサルタントの決め台詞となった。

このころから「コンプライアンス」は、一般企業から飛び出し、メディアや政治の世界でも猛威を振るいだした。

テレビでは、お色気番組が真っ先に姿を消し、「あれもダメ」「これもダメ」となってお笑い番組もすっかり毒気が抜けてしまった。バラエティ番組も安上がりの芸能人が近場の観光地をグダグダめぐるようなものばかりになってしまった。

政治の世界も直撃を受けた。

カネの問題では、これまで捜査当局に見逃されてきた少額の不正も摘発されるようになり、男女関係の醜聞も週刊誌で事細かく報じられるようになってしまった。

なによりも冗談半分に言った言葉も、「コンプライアンス違反だ」とSNSで叩かれる。「悪党政治家」が「法令遵守」なんてできるわけがない。

コンプライアンスがテレビをつまらなくしたように、政治家もまたコンプライアンスによってがんじがらめになっているのである。

これでは、大物政治家なんて育ちようがない。

デラックスでないDX

デラックスでないDX（デジタル・トランスフォーメーション）と、PDCA（Plan・計画、Do・実行、Check・評価、Action・改善）という呪文にも日本企業は蝕まれてしまっている。

現状を把握して計画を立てて実行し、具体的な数値で評価した上で問題点を洗い出して改善することを「PDCAサイクル」と称するそうだが、普通に仕事をやっていれば当たり前のことをもったいぶって言っているだけ。

コンサルタントという横文字商売は、「御社ではDXができておらず、PDCAサイクルが適切に回っていない」と言ってさえいれば、飯が食えるんだから、これほど楽な生業《なりわい》はない。

高いカネでコンサルタントを雇って、やれDXだ、PDCAサイクルを回すだのと社長が言い出すようになったらその会社はおしまい。その程度の話なら、社長が自分の頭で考えろ。そんな会社にお勤めの皆さんは、そろそろ逃げ出す準備をしたほうがいい。

ＳＤＧｓ（Sustainable Development Goals・持続可能な開発目標）に至っては、あたかも新興宗教の経典と化している。

そもそもＳＤＧｓとは、二〇一五年九月の国連総会で採択された「持続可能な開発のための二〇三〇アジェンダ」に記載された国際目標で、十七の目標から構成されており、義務ではない。目標の一つひとつは、「平和と公正をすべての人に」「ジェンダー平等を実現しよう」「気候変動に具体的な対策を」などなどもっともらしいが、小池百合子のように「ＳＤＧｓ実現のため太陽光発電を普及させよう！」となると、途端に胡散《う さん》臭くなる。

もう旧聞に属するが、「三浦瑠璃《る り》の夫」も太陽光発電に手を出したがためにお縄になってしまった。

第一、太陽光発電は地球にやさしくない。太陽光パネルの原料であるシリコンをつくるのに膨大な電力が必要なばかりか、寿命が短く（家庭用は十年程度）、リサイクル技術が確立していない。つまり、これから十年も経たずして大量の中国産太陽光パネル廃棄物が帝都に山と積まれるのだ。

さすがにそのころは、プロ野球の始球式で張り切り過ぎて骨折してしまった百合子さまも都知事を引退しているだろうからあとは野となれ、山となれ、である。

日本人の多くは、ＳＤＧｓに一生懸命取り組んでいるのは、欧米の一部と国連大好きの日本だけ、という事実を知らない。米国でも熱心なのは、東海岸とカリフォルニアのカマラ・ハリス大好きリベラル派だけで、地球の資源を浪費している中国人は歯牙《しが》にもかけていない。

国連の研究機関が、目標の達成具合を調べたところ、上位はフィンランドなど北欧諸国とドイツ、英国など欧州諸国が占め、日本は十九位だった。米国は四十一位、中国は五十六位。どの国もＳＤＧｓよりも国益、というわけだ。

必要なかったＬＧＢＴ法

ＳＤＧｓよりたちが悪いのは、ＬＧＢＴ（レズビアン、ゲイ、バイセクシャル、トランスジェンダー）礼賛だ。これらの人々がキリスト教の世界観に基づく偏見によって虐げられてきたのは事実だ。過去の歴史を反省し、性的少数者の人権を守ろうというのは、一見もっともらしいし、ポリティカル・コレクトネス（political correctness）の観点からは「正しい」。しかし、ことさらＬＧＢＴだなんだかんだと横文字を使って騒ぎ立てているのは古い人間として納得がいかない。

もちろん性的少数者の人権は守られなければならないが、過剰な「教育」はまったく必要ない。ＬＧＢＴ、ＬＧＢＴと騒いでいるのは、米国でもＳＤＧｓと同様、ニューヨークや西海岸の民主党支持者だけ。熱狂的なトランプ支持者だけでなく、穏健な共和党支持者も眉をひそめている。

『アンネの日記』だって「性的描写がある」とクレームをつけた共和党員のおかげで学校の図書館から次々と撤去されている（これはこれでやや行き過ぎだが）。

国民の大多数がイスラム教を信仰しているサウジアラビアやアフガニスタンなどでは、同性愛行為は処罰され、最高刑は死刑なのをおめでたい日本人は知らない。

稲田朋美らが推進し、令和五（二〇二三）年に成立した「ＬＧＢＴ理解増進法」なんてまったく必要なかった。ちなみにこの法律の正式名は、「性的指向及びジェンダーアイデンティティの多様性に関する国民の理解の増進に関する法律」と、落語の寿限無のように長い上に、わかりにくい。

同法が成立したウラには、日本に同性婚の法制化を急ぐよう求めたエマニュエル駐日米大使の意向もちらつく。これではGHQの占領時代と何ら変わらない。

日本は戦国時代の昔から同性愛に寛容で、ことさら法律をつくる意味があったのか。法案が成立したお陰で、「理解増進」を錦の御旗に、得体のしれぬ市民団体にどんどん税金が注入され、子供たちが洗脳されかねない。

永田町でこうした四文字英語にコロリと騙され易いのは、稲田朋美に代表されるような「善人政治家」に多い。

そんな今こそ、SDGsやLGBTの欺瞞《ぎまん》を見抜き、自国第一主義を声高《こわだか》に主張するトランプのような「悪党政治家」が、日本にも必要なのだ。いや、周辺を中国やロシア、北朝鮮の「新・悪の枢軸」国に囲まれた日本にこそそんな政治家の出現は必須なのである。

2 杉田水脈を守れない自民党

SNSで跋扈《ばっこ》する「正義の病」

フェイスブックやX（旧ツイッター）などSNSの普及によって、誰でも簡単に情報を受信し、かつ発信できるようになったのは、人類にとって不幸なことだった。

普通に生きている分には、知らなくてもいいようなどうでもいい知識を大量に摂取させられる一方、親から子へ人が生き残るための知恵は、とんと伝承されなくなった。

しかも有名人がちょっと偉そうに発言したり、失敗したりすると、「正義」の鎧《よろい》をまとったネット騎士たちがSNSを武器にして罵詈雑言《ばりぞうごん》の限りを尽くす。

多様性の時代、とはよく言われるが、まったくのウソである。個性豊かな女性議員が、独自の見解を表明すると、「正義の騎士」たちが、よってたかってリンチしているではないか。

しかも叩く側は、日ごろはLGBTや在日外国人、アイヌ問題などで少数者の権利を熱心に主張している「文化人」と称する人々やそのシンパに多いのだから、彼ら彼女らの本質がよくわかる。

そう、自分たちだけが正しくて他者は間違っていると思い込む「正義の病」にかかっているのである。

「正義の騎士」たちのリンチ

では、「正義の騎士」たちに叩かれまくっている女性議員は誰か、もうおわかりだろう。杉《すぎ》田《た》水《み》脈《お》、五十七歳。だが彼女は「悪党政治家」の資質を十二分に持ち合わせている。

何しろ衆院当選は三回だけで党や政府の役職にもろくについていないのに、彼女の一挙手一投足は、朝日、毎日、東京の各新聞や共同通信など左巻きメディアにこと細かく報じられてきた。

たとえば、こんな具合に。

「自民党の杉田水脈衆院議員が、24日付のX（旧ツイッター）投稿で、戦前の軍国主義教育を支えた教育勅語を礼賛する杉田氏を「背筋が凍る」と批判した一部の書き込みに言及し『私は今までそんなことをおっしゃる日本人に会ったことがありません』と記した。書き込んだ投稿者は日本国民とは思えないとの見方をほのめかし、偏狭なナショナリズムや排外主義をあおった形だ」

（共同通信、令和六年四月二四日配信）

マア、私も記者稼業が長いが、これほど偏見に満ちた記事を書いた記憶がない。しかも彼女が、Xに投稿した直後に記事にしているのだから、共同通信は彼女をよほど気に入っているのだろう。タイトルも「自民・杉田水脈氏が排外的投稿 教育勅語礼賛巡る批判に」と煽情的だ。

この記事が、「杉田大嫌い」な「正義の騎士」たちを煽ったのは、間違いない。

彼女の係累に政治家は誰もおらず、大臣どころか副大臣も未経験で、議員活動も通算九年（令和六年八月末現在）に満たないのに、注目度はトランプ並みなのだ。

経歴からして個性的だ。

杉田は、神戸の親和女子高校から鳥取大学農学部を卒業後、民間会社を経て西宮市役所に就職。市職員のときに西宮が地盤だった社会党委員長を務めた土井たか子の演説を聞いて政治家を志したというから、もともとは「野党系」の人だったのである。

四十三歳のときに市役所を退職し、みんなの党から衆院選に出馬するべく準備に入った。ところが、二年後に大阪維新の会が開設した維新政治塾に入塾した。平成二四（二〇一二）年一一月には、日本維新の会公認での出馬が決まった。みんなの党を見捨てたのである。こうした現実主義的判断ができるのは、「悪党政治家」ならでは。

翌月行われた総選挙では衆院兵庫六区から出馬。選挙区では敗れたものの惜敗率で比例復活し、初当選したが、ここからが波乱万丈。東京都知事の石原慎太郎と大阪府知事の橋下徹の「二頭体制」だった当時の日本維新の会は、ほどなく分裂した。

関西出身の議員は、ほとんど橋下側に残ったが、彼女は石原側につき、次世代の党に参加した。選挙を考えれば無謀な選択だったが、主義主張に殉じた。

案の定、次の衆院選では大差で敗北したが、捨てる神あれば拾う神あり。

落選中にわざわざスイスまで出かけ、左巻きの人々が世界各国から大挙して集う完全アウェーの国連人権委員会の小委員会である女子差別撤廃委員会に民間人の立場で出席し、慰安婦問題について「日本軍による慰安婦の強制連行はなかった」と孤軍奮闘、熱烈にスピーチしたのだ。

それまで外務省は、平成五（一九九三）年の政権交代直前に、官房長官だった河野談話[※3]が足《あし》

杉田水脈
出典：首相官邸ホームページ

枷《かせ》となって、慰安婦問題について韓国や北朝鮮によるいわれのないバッシングに対しやられ放題で、明確に反論してこなかったのである。

この一件を耳にした安倍晋三は、さっそく動いた。外務省に国連など国際会議の場で慰安婦問題が話題になれば、積極的に反論するよう指示した。

同時に安倍は、彼女を自民党に入党させたうえ、平成二九（二〇一七）年の総選挙では、比例中国ブロックの単独候補として上位に押し込み、当選させた。

四年後の総選挙でも安倍の強力な後押しで比例中国ブロックから出馬し、議席を守った。

「はずれ者」が進化をつくる

彼女のエピソードで欠かせないのが、「新潮45」の休刊騒動だ。

杉田は、「新潮45」（平成三〇年八月号）の特集「日本を不幸にする『朝日新聞』」に寄せた論文で「『LGBT』支援の度が過ぎる」の中で「LGBTだからといって、実際そんなに差別されているものでしょうか」「LGBTのカップルのために税金を使うことに賛同が得られるものでしょうか。彼ら彼女らは子どもをつくらない、つまり『生産性』がないのです。そこに税金を投入することが果たしていいのかどうか」「『常識』や『普通であること』を見失っていく社会は『秩序』がなくなり、いずれ崩壊していくことにもなりかねません」などと書いた。

これに朝日や毎日、東京といった左巻きの新聞はもとより、海外の米CNNや英インデペンデント、仏ルモンドなどリベラル系メディアもこぞって批判した。

杉田のような主張は、米共和党のトランプ支持派から見ればありふれたものだが、「生産性」という言葉が独り歩きし、切り取られた。

「新潮45」は、杉田論文が掲載された次々号で「そんなにおかしいか『杉田水脈』論文」と題して特集を組んだが、これまた大炎上した。

活字離れが進行し、「新潮45」のみならず、屋台骨だった「週刊新潮」も部数減に歯止めがかからず、苦しい経営を強《し》いられ続け、「出版社の矜持を失っていた」（元社員）新潮社は、あっさりと「新潮45」の休刊を決めてしまった。事実上の廃刊である。

彼女の論文は、よほど左巻きの人々に刺さったのだろう。

女性の敵は女性とはよくいったもの。

令和四（二〇二二）年八月、杉田は総務政務官に就任するが、予算委員会などで立憲民主党の塩村文夏《しおむらあやか》、社民党の福島瑞穂《ふくしまみずほ》らが彼女の人格まで否定するかのような言葉で攻撃し、辞任を迫った。

首相の岸田文雄は「職責を果たすだけの能力を持った人物だ」とかばってはいたが、一二月二日になって、杉田の直接の上司である松本剛明が謝罪するよう指示し、彼女は参院予算委員会で「(同性愛カップルには)生産性がない」と評したことを撤回し、当事者らに謝罪すると表明した。

だが、バッシングはやまず、同月二七日に辞表を提出、受理された。

彼女が用いた「生産性」という用語は確かに問題だが、岸田も松本も「反日主義」に凝り固まった左翼グループと最前線で対峙し、自民党にとって貴重な存在だった杉田を見捨てたのである。

彼女の価値を十二分に把握し、自民党にスカウトした安倍晋三は、この年の七月八日に暗殺され、最大の後ろ盾を失ったことも痛かった。

岸田執行部は、次期衆院選で彼女を比例区で優遇しない方針を決めている。つまり、衆院選には出るな、というご託宣だ。

新しい自民党執行部がどう判断するかは未知数だが、見通しは厳しい。

杉田は次期参院選で比例代表（全国区）からの出馬を目指して全国を行脚中だが、さてどうなることやら。自民党執行部からは、完全に「はずれ者」扱いにされている。

植物学者の稲垣栄洋は、「はずれ者を取り除けば、平均値はより理論的に正しくなります。値の低いはずれ者をなかったことにすれば、平均値は上がるかもしれません」とした上で、こう書いている。

「かつて、それまで経験したことがないような大きな環境の変化に直面したとき、その環境に適応したのは、平均値から大きく離れたはずれ者でした。そしてやがては、『はずれ者』と呼ばれた個体が、標準になっていきます。そして、そのはずれ者がつくり出した集団の中から、さらにはずれた者が、新たな環境へと適応していきます」

（『はずれ者が進化をつくる　生き物をめぐる個性の秘密』稲垣栄洋、ちくまプリマー新書）

杉田水脈のような「はずれ者」こそが、自民党を救うかもしれない。亡くなった安倍晋三は、そう考えていたのではないか。二〇二四年九月二七日に選出される自民党新総裁が彼女をどう扱うか、見ものである。

※3　河野談話　正式名は「慰安婦関係調査結果発表に関する河野内閣官房長官談話」。平成五（一九九三）年八月四日、当時官房長官だった河野洋平が発表した。談話は、慰安婦の移送について「軍が直接あるいは間接に関与した」とした。慰安婦の募集についても「軍の要請を受けた業者が主としてこれに当たったが、その場合も、甘言、強圧による等、本人たちの意思に反して集められた事例が数多くあり、更に官憲等が直接これに加担したことも明らかになった」と認定。その上で「当時の軍の関与の下に、多数の女性の名誉と尊厳を深く傷つけた」として元慰安婦に「心からのお詫びと反省の気持ち」を表明した。

のちにこのとき政府が韓国などで行った聞き取り調査は、短期間ということもあり、かなり杜撰《ずさん》だったこ

河野太郎の父、河野洋平
出典：首相官邸ホームページ

とが明らかになった。談話発表時の官房副長官、石原信雄は平成二六（二〇一四）年二月二〇日の衆院予算委員会に参考人として出席し、「日本政府、日本軍が（慰安婦を）強制的に募集したことを裏付ける資料はなかった」と証言した。

第5章

「気持ち悪い」日本を吹き飛ばせ!

1　石丸旋風を読み解く

異端な経歴

「石丸伸二」という存在は、従来の枠に当てはまらない新型の「悪党政治家」に分類されるかもしれない。

石丸伸二

何しろ経歴からして異端なのだ。

昭和五七（一九八二）年八月、広島県吉田町（現・安芸高田市）に生まれた石丸は、京都大学経済学部に進学。卒業後、三菱東京ＵＦＪ銀行に就職し、平成二六（二〇一四）年から同行子会社のニューヨーク駐在として赴任。四年半後に帰国。

令和二（二〇二〇）年、当時の安芸高田市長が、河合

克之から前年の参院選にからんで現金六十万円を受け取っていることが発覚し、辞職したのを受けて行われた市長選に「無投票をさせないため」、にわかに銀行を辞め、なんの伝手もないのに市長選に出馬し、見事当選したのである。

これだけでも相当、珍しいケースなのに、市長を一期で辞め、令和六（二〇二四）年七月七日に投開票が行われる東京都知事選にこれまた無手勝流で挑戦したのである。

一六五万票の衝撃

選挙戦当初は泡沫候補扱いされた石丸だが、あっという間に都知事選の台風の目となった。四十一歳（当時）の若さと巧みなＳＮＳ戦略を武器に、こまめに街頭演説をこなして、「政治屋を追放する」とシャウトして都内を行脚した。

既成政党とは一線を画した「完全無所属」をアピールして大きな旋風を起こしたのだ。

結果、事前の予想を大きく上回る一六五万八三六三票を獲得し、三位の蓮舫を約三七万五〇〇〇票も引き離して第二位に輝いた。

遊説する石丸伸二　© 産経

　私も彼の遊説を見に出かけたが、早い時間から老若男女のボランティアが通行人の邪魔にならないよう整然と聴衆を誘導し、開始五分前には街宣車の前は黒山の人だかりになっていた。石丸は、「皆さんは、石丸伸二と愉快な仲間たちです」とさわやかな笑顔を振りまきながら話していたが、小池都政の何をどう変えたいのかについて約十五分間の演説中には、具体策にあまり触れなかった。

　それでも聴衆の盛り上がりは相当なもので、根強い人気のある現職の小池百合子は負かせなくても蓮舫を抜いて二位を勝ち取ろうという熱気がむんむんと漂っていた。

　投開票結果は有権者、特に若い有権者は既成政党の「古い政治家」たちに飽き飽きしていることが、はっきりした。

　しかし、市長時代の石丸は、都知事選でみせた親しみやすい「さわやかな石丸」とは、違う顔を見せていた。

　市議会や地元メディア（中国新聞）とは、敵対関係を意図的につくっていた節があり、議場では「恥を知れ、恥を！」「頭が悪い人は具体的な議論のポイントが示せない」「議員の仕事をしてください！」などと議員の人格を否定するかのような答弁やヤジを連発。

記者会見でも批判的な記事を書いた中国新聞記者に「偏向報道だ！」「社会の公器としてふさわしくない」などと挑発を繰り返した。

精神科医の片田《かただ》珠美《たまみ》は、「週刊文春」（令和六年七月二五日号）で世間一般の表現として、と断りながらも石丸を「サイコパス」と診断している。

サイコパスとは、他人の感情に極めて鈍感で、相手を道具のように扱い、自分にとって合理的であればどんな残酷な決定もできる人たちのことだそうだ。

「石丸構文」で敵を攻撃

都知事選の選挙期間中は、メディアへの挑発発言を控えていた石丸だが、投票終了直後の民放開票番組で一気に不満が爆発した。

テレビのコメンテーターらに「石丸構文」と呼ばれる相手を小バカにした発言を繰り返した

のである。
そもそもの発端となった社会学者・古市憲寿《ふるいちのりとし》との「政治屋」をめぐるやりとりはこうだ。

古市「いわゆる石丸さんが批判する政治屋と石丸さんはどう違うんですか?」
石丸「何か、堂々めぐりになっている気がするんですけど。さきほど定義についてお話ししましたよね」
古市「改めて定義を聞いているんですけれども、石丸さんの考える、批判する政治屋と石丸さんが今、体現している政治家というのは、どう違うんですか」
石丸「同じ質問を、いま繰り返されています?」
古市「定義を聞いているんです」
石丸「もう一回言えってことですか?」
古市「いや、まだ答えてもらっていないから聞いているんです」
石丸「政治屋の定義、さっき言ったばかりですよ」
古市「整理しますよ。石丸さんはまず……」

(日テレnews都知事選2024)

こうした不毛なやり取りが、延々と続いたのだが、日ごろ偉そうな言動を続けている古市をとっちめたとあって、かえって石丸人気は上がったのである。

本人は、「ここで身を改められなかったらメディアは、次の選挙でやばいくらいに炎上する。そこが最後のトドメにもなる」と日本テレビなどテレビ局を厳しく批判。「（メディアに）『死刑宣告』が与えられたのに等しい」（産経ニュース）とまで述べている。

特定のテレビ局を徹底的にたたくだけではないのが、新しい形の「悪党政治家」らしい。得意のＳＮＳだけでなく、既存の新聞・テレビといったいわゆるオールドメディアを利用しての目立ち方も心得ている。

立憲民主党の代表選が近づくと「次の立憲民主党の党首の方の選挙区で僕が出ます」とＹｏｕＴｕｂｅチャンネルで宣言した。

「泉（健太）さんだったら京都三区でしたっけ」「自分の政治生命をかけて国民に訴える姿勢をみせないと国民に思いを伝えられない。そのときは自民党も公明党も協力して（候補を）立てないで」と言いたい放題。

最後には「立民の代表に勝ったら僕を党首にしてください。乗っ取ります」と挑発した。

これに立憲民主党の衆院議員が、自身のＸに「ここまで言っているのですから、石丸氏は負けたら政治から引退するくらいの覚悟を持つべきです」と投稿した。

荒唐無稽《こうとうむけい》な構想にまともに反応するとは、石丸の思う壺だが、新たに選ばれる自民党総裁と一騎打ちする、と言わないところが「悪党政治家」らしい狡猾さだ。

小泉進次郎にしろ誰にせよ、自民党新総裁なら戦わずして敗北確定だが、立憲民主党ならわからない、と有権者に思わせるところがミソ。

都知事選直後は、「石丸新党」構想も取りざたされたが、どうみても石丸は、仲間づくりが下手な一匹狼タイプだ。

YouTubeやSNSで話題が尽きれば、忘れ去られる存在になるのは、本人が一番よくわかっている。

たった一人で、どこまで政界をかき回せるか。「悪党政治家」ウオッチャーの一人として今後も注目していきたい。

危うい四十歳代政治家

ただし、政治家は誰でも彼でも若けりゃいい、というわけじゃない。特に首長は。

兵庫県知事で四十六歳の斎藤元彦も石丸によく似た匂いがする政治家だが、一期目で県政を座礁させてしまった。

東大を出て総務省に入った彼は、六年前に大阪府財政課長に出向したときに知事だった松井一郎に気に入られ、維新推薦で兵庫県知事選に立候補。「しがらみのない立場」による「躍動の県政」を掲げし、あれよあれよという間に知事に当選した。

しかし、徐々に彼のパワハラとおねだり体質が露わになり、令和六（二〇二四）年、現職の西播磨県民局長に内部告発された。

怒り狂った彼は「業務時間中に嘘八百含めて文書をつくって流す行為は公務員として失格」とののしり、停職処分にした。局長は七月に自殺、知事は腹心だった副知事からも辞職を迫られたが、「私は辞めない」と拒絶し、粘り腰を発揮した。

大変な精神力ではあるが、百条委員会が設置されるなど県政は、躍動どころか大混乱に陥ってしまった。

昭和五六（一九八一）年生まれ・四十三歳の北海道知事、鈴木直道も危なっかしい。

鈴木は、東京都職員時代に財政破綻した北海道・夕張市に派遣された後、石原慎太郎のバックアップもあって夕張市長となった。「行動派市長」の実績を掲げ、五年前には、元官房長官、菅義偉らの推しで道知事選に立候補し、当選したシンデレラボーイだったが、道知事になってから虚飾が剥げてきた。

特に酷かったのが、市長時代の「攻めの廃線」。

JR夕張支線の廃止を市側から持ち掛け、七億五〇〇〇万円の補助金をもらってバスターミナルやバス路線を整備したものの、大失敗。市内の観光施設も安価で中国資本に叩き売ったが、ほとんどの施設が休止状態になった。道知事になってから五年も経ったが、実績をほとんどあげていない。しかも兵庫県知事同様、パワハラ体質のようだ。地元・北海道新聞にも若手職員の離職率の高さを批判され、「（知事の姿勢が）道職員のモチベーション低下につながっている」と指摘されたほど。

有権者は、石丸言うところの「政治屋」による既得権益にがんじがらめになった「政治」にほとほと嫌気がさしている。そんな潮流に石丸（安芸高田市長）や斎藤、鈴木の「四十代トリオ」がうまく乗ったのは間違いない。だが、三人の統治技術は拙劣だった。

自民党総裁選でも小泉進次郎、小林鷹之の四十歳代コンビが大きな脚光を浴びた。世界的に見て、四十代の政治家が、国のトップになるのは珍しいことではなくなり、それ自体は歓迎すべきことだ。

とはいえ、実際に権力を握ったら「政治屋」以下だったら話にならない。

今の日本政治に欠けているのは、若きリーダーを支える強固な政策チームや老練な「悪党」政治家たちだ。政治は一人ではできない。

志ある彼ら彼女らは一刻も早くチーム作りに着手すべきだ。そのためにはどうしても必要最小限のカネが要る。次節では、政治とカネについて考える。

2 政治にはカネがかかる
――アメリカ型政治献金制度にせよ

選挙制度が政治家を劣化させた

日本で「悪党政治家」が、絶滅危惧種になって久しい。

さまざまな要因が考えられるが、選挙制度が、平成初頭に大きく変わったのも大きな要因である。

平成六（一九九四）年一月二九日未明、珍しく雪が永田町にしんしんと降り積もるなか、首相の細川護熙と野党第一党だった自民党総裁、河野洋平は、小選挙区三百比例代表二〇〇の割合で次期衆院選から小選挙区比例代表並立制を導入することで合意に達した。

それまでの衆院選は、一選挙区当たり三〜五人（兵庫県には二人区もあった）当選できた中選挙区制度で実施されていた。

この制度下で単独政権を目指すには、一つの選挙区に同じ政党が複数の候補者を擁立しなければならなかった。

つまり、同じ政党から出馬するのだから公約も似たり寄ったりにならざるを得ず、選挙戦は得てして有権者への利益誘導やサービス合戦に陥りがちだった。

「実弾（カネ）」は鉄砲だ

かつての衆院群馬三区は、福田赳夫、中曽根康弘、小渕恵三という三人の宰相を相次いで輩出した名門選挙区だが、生前の小渕は自らを「ビルの谷間のラーメン屋」と称していた。

群馬三区では、選挙期間中のお昼時になると、各事務所が豪華な食事を運動員だけでなく道行く人々にもふるまった。

地元では、福田事務所を「料亭福田」、中曽根事務所を「中曽根レストラン」と呼んでいた。二人ほど資金力がなかった小渕は、ラーメン屋に甘んじていたのである（当時は今と違ってラーメンの地位は低かった）。

群馬三区だけでなく、全国各地の選挙区でも同様の「サービス合戦」が繰り広げられていた。しかも選挙区が今よりもかなり広かったため私設秘書の数も半端ではなかった。

人件費も膨大になり、「無給」同然で働いていた秘書もいた。といってもボランティアではない。今よりも政治資金規正法の縛りが緩やかだったため、目先の利いた秘書は、支援企業から政治献金をもらうと、何割かをマージンとして「給料」の代わりにしていた。もちろんオヤジ（国会議員）の黙認があってのことだったが。

昭和の終わりのころ、新聞の社会面には「五当四落」なる見出しが躍っていた。選挙に五億円かければ当選できるが、四億円では落選してしまうという比喩だが、実際はそんなものではなかった。

先年、亡くなった元代議士は、中選挙区での選挙について「田舎の選挙だとその程度だったろうが、都市部ではそうはいかない。目立つようにバカ高い駅前一等地に事務所を借りなきゃならんし、何人もオペレーターを雇って朝から晩までやった電話作戦にも膨大なカネがかかった。第一、公明党は当時野党だったので創価学会員は助けてくれなかったからな」と語っていた。

では、どれだけカネがかかったかを聞くと両手を広げてニヤリと笑った。

十億と言いたかったのだろう。

とても自民党の公認料や自らの蓄えだけでは、賄えない額だ。

元代議士は、選挙のたびに土地を担保にカネを借りたが、それでも追いつかない。

そういうときに頼りになったのは、派閥だった。

特に田中角栄健在なりしころの田中派は別格だった。

当落線上の候補者がＳＯＳを目白（角栄の私邸）に送ると、早ければその日のうちに、遅くとも翌日には角栄の使者が事務所を訪ね、本人に直接、分厚い茶封筒を渡したという。

地獄に仏、と感謝感激した候補者が、角栄に忠誠を尽くすのは理の当然である。

角栄の秘書だった早坂茂三は、次のように書いている。


「田中角栄は『実弾』を鉄砲として使い、一国一城の主である衆参両院議員を『軍団』として有無を言わせず再組織し、『数の力』で政権の座へ駆け上がった。ロッキードの縛についた後、さらに軍団の力を強め、他派を畏怖させて、政権党＝自民党を動かす戦略的主導権を持ち続けた。数としては閣僚経験者も新人議員も平等に扱った。一視同仁《いっしどうじん》。平和な時代の権力闘争の革命的な戦術転換だ。これが金権政治なるものの本質である」

（『鈍牛にも角がある』早坂茂三、光文社）

派閥の領袖は、大なり小なり危ない橋を渡って巨額の政治資金を集め、子分たちに配っていた。改正前の政治資金規正法がザル法同然だったとはいえ、東京地検特捜部に摘発されれば、地獄行きだったのは、昔も今も同じ。

そんなヒリヒリするようなカネ集めを通じて政治家が鍛えられたのも一面の真理である。中選挙区が「悪党政治家」を育んだといっても過言ではない。

小選挙区制の導入で一変

衆院選に小選挙区制度が導入され、政治資金規正法が格段に厳しくなったことで日本の政治状況は大きく変貌した。

制度導入後、令和六（二〇二四）年九月までに計九回総選挙が行われたが、選挙の結果政権交代は二度起きた。導入時に喧伝《けんでん》された政権交代可能な選挙制度といううたい文句は一応、実証された。

選挙区が狭くなったことで、秘書と事務所の数を削減でき、選挙にかかる費用は大幅に減った。一回当選するのに十億かかった時代は終わった。

政党への国費助成も始まり、それと引き換えに政治資金規正法の改正によってカネの出と入りが厳しく規制され、派閥の領袖が、企業・団体からケタ違いに多額のカネを集めることはほぼ不可能となった。

派閥は小選挙区制導入後も存続したが、カネを集めて配るという機能は大幅に低下し、ポストの配分機関（それも主要大臣ではなく、副大臣や政務官クラス）としての側面が大きくなった。

一方で、小選挙区制での選挙を重ねるたびに「政治家が小粒になった」という批判が強まるようになった。

確かにその通りで、カネも選挙の公認権も党本部が独占的に握るようになったため、「悪党政治家」が棲息できる環境ではなくなってきたのである。

政治とカネをめぐるスキャンダルも絶えないが、国会議員が区会議員に「一万円配った」だけで問題になり、辞職に追い込まれる時代になったのである。

石破茂が若手議員の中心となって小選挙区制導入に血道をあげていたころ、小選挙区反対派の小泉純一郎に「そんな制度を作ってみろ。党本部と官邸の言うことしか聞かない議員ばっかりになる」とたしなめられた。

石破は色をなして反論したが、小泉は「お前はまだ人間というものを知らない」と言ったという。小泉は正しかった。

今や自民党議員の大半は、上司（総裁）の顔色をうかがうヒラメ議員になってしまったのである。

一兆円飛び交う米大統領選

アメリカという国は、何事も身勝手極まりなく、料理も総じて大味でまずく、今でも好きになれないのだが、唯一うらやましく感じるのは政治に自由とダイナミズムがある点である。

特に米大統領選は、テレビで見ているだけでも血湧き肉躍る。

党大会の派手な演出に、何人ものスピーチライターが練りに練ったであろう力強いメッセージを盛り込んだスピーチ、そして決起集会の熱狂。そんな大統領選を支えているのが、カネである。

前米大統領トランプと副大統領ハリスが激しく争っている二〇二四米大統領選は、両陣営あわせて一兆円以上の政治資金が費消されるのは確実だ。前回大統領選は、総額六四億ドル（約九六〇〇億円）かかっており、今回は前回以上にヒートアップしているからだ。

なぜそんなにカネがかかるのか。

第一に二億人以上の有権者がおり、勝利するためには広大な全米各地に事務所を展開せねばならず、事務所経費や選挙戦をともに戦うスタッフの人件費、米国内を瞬時に移動するための専用機代だけでも莫大なカネがかかる。

そのうえ激戦州で大規模な集会を開けば、カネはいくらあっても足りない。

しかもテレビやＳＮＳを使って相手候補を攻撃するネガティブキャンペーンに費やすカネも半端ではない（ネガティブキャンペーンのＣＭも凝っていて両陣営ともカネをかけている）。

では、どうやって資金を集めているのか。

米連邦選挙運動法は、選挙ごとに個人が一人の候補者に献金できる金額の上限を三三〇〇ドル（約四九万五〇〇〇円）と定めているが、特定の政治家を支援する独立団体である「特別政治活動委員会（スーパーＰＡＣ）」を通じた献金は、上限が設けられていない。

つまり、個人でも企業でも労働組合など団体でも、スーパーＰＡＣを通じれば無制限に寄付できるのである。

透明性の確保については、候補者は連邦選挙委員会（ＦＥＣ）に二〇〇ドル（約三万円）を超す献金をした個人や団体名と資金の用途を定期的に報告しなければならないが、抜け道はいくつもある。

アメリカでもかつては、日本同様、「選挙にカネを使いすぎる」という有権者からの批判も強かった。第二次世界大戦直後の一九四七年には、タフト・ハートレー法によって労働組合や企業が大統領選候補者への献金が禁じられたこともある。一九七六年には選挙活動のため公的支援を受ける代わりに支出や献金が制限される仕組みも設けられた。

しかし、二〇〇八年の大統領選で米民主党候補のオバマは、公的資金を受け取らない選択をした。少額で何かと縛りのある公的資金は、使い勝手が悪いからだ。日本ではクリーンなイメージが強いオバマだが、なかなかの「悪党政治家」でもあった。

米連邦最高裁が二〇一〇年、「企業による政治献金を一律に禁じることは、表現の自由を保障する憲法に反する」とした判決を下したのも大きい。

この判決以前は、ＰＡＣといえども寄付額などが厳しく制限されていた。判決以降、大統領選で公的資金に頼った候補者はいない。

米連邦最高裁判決は、表現の自由を保障する民主主義国家では、政治にカネがかかるのは当たり前だ、という米国民の常識を後押ししたのである。

選挙費用は、民主主義が選挙戦に支払う代価であり、利益団体による多額の寄付や支出は、アメリカの長年にわたる多元主義の現代的表現だとみなされているのだ。

しかも「コンプライアンス」を錦の御旗にして、企業コンサルタントやロビイストも巧妙になっており、ロッキード事件のような利益団体と政策の結びつきを立証するのが非常に困難になっている。

裁判所は、選挙における寄付や支出に制限を加えることは、政治分野における献金者の「言論の自由」を過度に制約することになると判断したのだ。

政党助成金で骨抜きに

日本に欠けているのは、政治資金の過度な規制は、「言論の自由」を制約しているとの視点である。

日本では、選挙への「新規参入」に大きな障壁がある。

政党助成金は、国会に議席があることを前提に支給するため当然のことながら、議席のない新政党は一銭ももらえない。これだけでもハンディがあるのに、テレビCMを打つにも障壁がある。日本の選挙は既得権益者に高下駄をはかせているのだ。

そもそも政府と独立した存在であるはずの政党が、総額三一五億円（令和二年度）もの政党助成金を何の疑問もなく受け取り、日常の活動費などに充当しているのはおかしなことだ。政党が不祥事を起こすと、決まって「国民の血税をたんまりもらっているのに」との批判が出るのは当たり前。国家にカネで首根っこを押さえられている事実を与党も野党もまったく意識していない。特に野党は、政府を監視するのが大きな仕事だが、その政府からカネをもらっていてはまともな批判ができるわけがない。

野党にもエネルギッシュな「悪党政治家」がほとんどいなくなったのもむべなるかな。

共産党は政党助成金制度が誕生して以来、受け取りを拒否しているが、これだけは評価できる（同党の安全保障政策などはまったく評価できないが）。これが本来の野党の姿である。

自民党も立憲民主党もその他の政党もありがたがって受け取っているが、知らず識らずのうちに政党の自由は奪われているのだ。

政党助成金がなければ運営できないような政党は存在意義がない。

政治資金規正法を大幅に緩和して上限を撤廃し、その代わり二万円以上の寄付者は必ず公開しなければならないようにすればいい。

世間に名前を公開できないような個人や企業・団体は寄付をしてはならない。そうすれば、チマチマした派閥のパーティー券問題など起こらなくなる。

チマチマしたカネでは、チマチマした政治しかできない。

政治を志す若者には、もっと堂々とカネを集めて「悪党政治家」を目指してもらいたい。

そのためには、制度改正とともに有権者の意識改革が不可欠なのである。

おわりに

仕事柄、イベントの招待状が時折舞い込むが、たいていは都合がつかず、不義理を詫びる葉書を出してすぐ捨てるようにしている。

ただ、一枚だけ後生大事に手元に置いている招待状がある。

平成三一（二〇一九）年四月一三日、新宿御苑で開かれた安倍晋三主催の「桜を見る会」の招待状である。

なぜ招待状が残っているかといえば、これが最後の「桜を見る会」になったからである。

私はこういう大勢の人々が集うパーティーは苦手で、どうしても義理で行かねばならないときしか行かない。

しかも「桜を見る会」は、平日ではない土曜の午前から昼にかけて開かれるのが通例だった。わざわざ桜より人混みを見るためだけに新宿へ出かけるより、家で競馬を見ていたほうがよほど精神衛生にいい。

そんな桜を見る会が、「しんぶん赤旗」の報道をきっかけに朝日や毎日、東京新聞や民放のワイドショー、週刊誌がよってたかって税金の無駄遣いだ、後援会員を大挙して地元から呼んでいるのは公職選挙法違反だ、などと騒ぎ立て、翌年から中止された。

当時から汚職じゃあるまいし、重箱の隅をつついてどうする、と感じていたが、勇気がなかったので「そんなのどうでもいいじゃないか」とは書けなかった。

安倍のお膝元の下関市長は当時、記者会見でこう語っている。

「自分が何十年も頑張って応援してきた代議士がトップをとって、招待状が届いて、やっぱり今まで応援してきてよかったなって、いいじゃないですか。そういうなんか、人情的な感覚というのは公金を扱ってルールにのっとって正しくやっていく中では、あまり言っちゃいけないのかもしれないけれど、そういうのもあっていいじゃないですか。七十、八十歳のおじいちゃん、おばあちゃんたちがネクタイをピシッと締めて、着物着て、人生一番の大勝負で新宿御苑に向かうんですよ。あの喜んで行っている姿を見ると地方を元気にしてくれている会だなと思っていました」

まったく同感である。招待客の要件は、各界において功績のあった人らしいが、私はさほど世の中に貢献していないし、功績もろくにないのに毎年、呼ばれていた。それに引き換え、議会制民主主義国家において、首相を地元で長年にわたって支えてきた人は、立派な功績者じゃないか。政治家は有権者が鍛え、育てる作品でもある。

最後の「桜を見る会」の招待状を今も手元に置いているのは、安倍晋三という政治家を偲ぶとともに自らの力のなさを肝に銘じるためでもある。

ことほど左様に世知辛い世の中になったいま、スケールの大きな「悪党政治家」は極めて出にくくなった。

この本を書いている最中に、首相の岸田文雄が今期限りでの退陣を表明し、事実上自民党総裁選がスタートした。

「はじめに」で私は、「悪党政治家」の定義をこう書いた。

「あらゆる手練手管を使って国家権力を握ろうとする意志と実行力を持ち合わせた強い政治家」

今回の総裁選は、自民党史上、最多の候補者が出馬する大混戦レースとなったが、これまでみてきた通り、候補者に真の「悪党政治家」は誰一人としていない。

辛うじて小林鷹之が「悪党政治家」の片鱗を見せている程度で、ほとんどが「善人政治家」

の部類といっても過言ではなかろう。

この定義では、「悪党政治家」が手練手管の末に得た国家権力をどのような目的で使おうとしたか、あるいは使おうとしているのかは問うていない。つまり善悪は不問にしている。

ある政治家は、掌握した国家権力を私利私欲のために使おうとするかもしれないし、国家の平和と繁栄をもたらすために使おうとするかもしれない。

ニーチェは、「善にも強ければ、悪にも強いというのが最も強力な力である」と看破した。

神を否定したニーチェは、超人という概念をつくった。超人は生の本質である「権力への意志」の体現者であり、偽善的なあらゆる抵抗に打ち勝って、より強力な生を実現しようとするものだとした。

ニーチェを持ち出さなくても日本には河竹黙阿弥《かわたけもくあみ》がいる。彼がつくった歌舞伎「天衣紛上野初花（くもにまごううえのはつはな）」で、河内山宗俊《こうちやまそうしゅん》に「悪に強きは善にもと」という名台詞を吐かせている。

大悪人ほど大きな善を成すという意味だが、興味深いことに黙阿弥とニーチェは十九世紀後期を生きた同時代人なのである。

そんな人間の強いパワーを社会に対して善い方向に用いよ、と「精力善用」を説いたのは、近代柔道を創設した嘉納治五郎《かのうじごろう》である。

曲がりなりにも「悪党政治家」であり、「精力善用」しようとした最後の政治家は、今のところ安倍晋三ではなかろうか。

「美しい国」づくりを標榜して発足した第一次安倍政権は、そのひ弱さから一年しか持たなかった。そのときは、安倍はまだ「悪党政治家」ではなかった。

難病を患い、首相へのカムバックは無理だろうとたいていの人が考えていた。しかも昭和三〇（一九五五）年の自民党結党以来、一度辞めた総理大臣が再び首相官邸の主に返り咲いた例は誰一人としていなかった。

そんな「常識」をひっくり返した安倍と彼を説得し、総裁選出馬にウンと言わせた菅義偉が「悪党政治家」でないわけはない。

安倍晋三が凶弾に倒れた大きな穴は、あれから二年経っても埋まっていない。

二〇二四年九月二七日に選出される自民党新総裁は、一〇月に衆議院を解散して国民に信を問うことになろう。

そこで皆さんにお願いしたいのは、クリーンさだけを売りにしている候補者は、眉に唾をつけてみてほしいことだ。

今も昔も数え切れぬほど「クリーンな」政治家は存在したが、そのほとんどは、沈香《じんこう》も焚《た》かず屁《へ》もひらず。悪いことはしないが、善いこともできなかった。

クリーンで善人な政治家だけでは、ますます厳しさを増す世界情勢やかつてない少子高齢化社会を乗り切っていけない。

今こそ、大急ぎで「悪党政治家」を有権者が育てねばならない。

有能な「悪党政治家」はエネルギーがあり余って暴走したり、失言したりしがちである。できれば、ごく些細《ささい》な醜聞なら大目にみてやってほしい。

政治家は悪人くらいでちょうどいい！　のだから。

この本はワニブックス・川本悟史、編集者・佐藤春生のお二方が出してくれた数々のアイデアと、粘り強く小生の原稿を待っていてくれた忍耐力なくして世に出ることはなかった。

満腔《まんこう》の謝意を表するとともに、政治に新たな視点を提供してくれた妻桂子と、何より数ある書籍の中からこの本をお買い上げいただいたあなたに、心から御礼申し上げたい。

と書いたところで、わが畏友・高橋政太が急逝したとの知らせが届いた。

彼は東京新聞、テレビ朝日を経て「自由人」と称し、北京、香港、台北、ソウル、ドバイを股にかけた「令和の大陸浪人」だった。

本書の刊行を心待ちにしてくれていた彼の墓前に一冊捧げたい。なお、第3章「常に次期総理ナンバーワン　石破茂」は、月刊正論令和六年九月号「石破茂の研究」をもとに改稿した。

最後に、日本の政治が少しでも国民にとってよくなることを願って稿を終えたい。

令和六年八月吉日

乾正人

自民党総裁年表

昭和30（1955）年11月15日	自由党と日本民主党が合併して自由民主党結成
昭和31（1956）年4月5日～	**初代　鳩山一郎** 日ソ国交回復、国連加盟
昭和31（1956）年12月14日～	**第2代　石橋湛山** 急病のため63日間の短命内閣
昭和32（1957）年3月21日～	**第3代　岸信介** 日米安全保障条約の改定
昭和35（1960）年7月14日～	**第4代　池田勇人** 所得倍増計画・高度経済成長経済政策
昭和39（1964）年12月1日～	**第5代　佐藤栄作** 非核三原則、沖縄返還
昭和47（1972）年7月5日～	**第6代　田中角栄** 日中国交正常化
昭和49（1974）年12月4日～	**第7代　三木武夫** ロッキード事件
昭和51（1976）年12月23日～	**第8代　福田赳夫** 日中平和友好条約
昭和53（1978）年12月1日～	**第9代　大平正芳** 田園都市構想
昭和55（1980）年7月15日～	**第10代　鈴木善幸** 参議院に比例代表制導入
昭和57（1982）年11月25日～	**第11代　中曽根康弘** 国鉄民営化などの行政改革推進
昭和62（1987）年10月31日～	**第12代　竹下登** リクルート事件発覚、消費税（3%）導入
平成元（1989）年6月2日～	**第13代　宇野宗佑** 参院選で自民党惨敗

平成元（1989）年8月8日～	**第14代　海部俊樹**	自衛隊海外派遣問題
平成3（1991）年10月31日～	**第15代　宮澤喜一**	PKO協力法成立、衆院選で大敗し野党に
平成5（1993）年7月30日～	**第16代　河野洋平**	河野談話
平成7（1995）年10月1日～	**第17代　橋本龍太郎**	金融ビッグバン
平成10（1998）年7月24日～	**第18代　小渕恵三**	金融再生関連法
平成12（2000）年4月5日～	**第19代　森喜朗**	九州・沖縄サミット
平成13（2001）年4月24日～	**第20代　小泉純一郎**	郵政民営化、訪朝
平成18（2006）年10月1日～	**第21代　安倍晋三**	教育基本法改正、国民投票法
平成19（2007）年9月23日～	**第22代　福田康夫**	洞爺湖サミット
平成20（2008）年9月22日～	**第23代　麻生太郎**	民主党と政権交代
平成21（2009）年10月1日～	**第24代　谷垣禎一**	尖閣事件
平成24（2012）年9月26日～	**第25代　安倍晋三**	アベノミクス、自由で開かれたインド太平洋構想
令和2（2020）年9月14日～	**第26代　菅義偉**	東京オリンピック、コロナワクチン
令和3（2021）年10月1日～	**第27代　岸田文雄**	安保三文書

参考文献・参考にしたメディアなど

［書籍］

安倍晋三『安倍晋三回顧録』（中央公論新社）
毛沢東（訳・松村一人、竹内実）『実践論・矛盾論』（岩波文庫）
江崎道朗『緒方竹虎と日本のインテリジェンス　情報なき国家は敗北する』（ＰＨＰ新書）
マキャベリ・大岩誠 訳『君主論』（響林社文庫）
児玉誉士夫『悪政・銃声・乱世――児玉誉士夫自伝』（弘文堂）
有馬哲夫『児玉誉士夫　巨魁の昭和史』（文春新書）
石田晋一『児玉誉士夫の軍需物資原料調達と日本自由党結党資金提供一元化』（電子書籍）
石川達三『金環蝕』（岩波現代文庫）
青山佾『東京都知事列伝』（時事通信社）
マルクス・エンゲルス（訳・大内兵衛、向坂逸郎）『共産党宣言』（岩波文庫）
飯島勲『小泉官邸秘録』（日本経済新聞社）
秋本真利『自民党発！「原発のない国へ」宣言』（東京新聞）

佐藤あつ子『昭 田中角栄と生きた女』（講談社）
石井一『冤罪 田中角栄とロッキード事件の真相』（産経新聞出版）
立花隆『政治と情念 権力・カネ・女』（文春文庫）
立花隆『田中角栄研究全記録』（講談社文庫）
早坂茂三『田中角栄とその時代 駕籠に乗る人担ぐ人』（ちくまプリマー新書）
早坂茂三『田中角栄回想録』（集英社文庫）
早坂茂三『鈍牛にも角がある』（光文社）
稲垣栄洋『はずれ者が進化をつくる 生き物をめぐる個性の秘密』（筑摩eブックス）
石井妙子『女帝 小池百合子』（文藝春秋）
産経新聞政治部『民主党解剖』（産経新聞出版）
産経新聞『歴史戦』（産経新聞出版）
乾正人『安倍なきニッポンの未来 令和大乱を救う13人』（ビジネス社）
新約聖書

［新聞］

産経新聞、朝日新聞、東京新聞、日本経済新聞、毎日新聞、読売新聞、静岡新聞、新潟日報、夕刊フジ、日刊ゲンダイ共同通信、時事通信、自由新報、公明新聞、しんぶん赤旗

［放送・ネットメディア］

ＮＨＫニュース、ＦＮＮプライムオンライン、テレビ朝日ニュース、ＴＢＳニュース、日テレＮＥＷＳ ＮＮＮ、テレ東ＢＩＺ、言論テレビ

［雑誌・ｗｅｂメディア］

『月刊正論』、『月刊Ｈａｎａｄａ』、『月刊文藝春秋』、『選択』、『新潮45』、『ニューズウイーク日本版』、『人民日報海外版』、『週刊現代』、『週刊新潮』、『週刊文春』、『東洋経済オンライン』

著者　乾《いぬい》正《まさ》人《と》

1962年、兵庫県神戸市生まれ。

筑波大学比較文化学類卒業、1986年4月、産経新聞社入社。

新潟支局、整理部、政治部などを経て政治部長。

その後、編集局長、論説委員長を経て、現在、上席論説委員兼特別記者兼コラムニスト。

著書に『官邸コロナ敗戦』『「影の首相」官房長官の閻魔帳』『自民党崩壊』(以上、ビジネス社)、『令和阿房列車で行こう」(飛鳥新社)など。

政治家《せいじか》は悪人《あくにん》くらいでちょうどいい！

著者　乾 正人

2024年10月10日　初版発行

構　　成　佐藤春生
校　　正　大熊真一（ロスタイム）
編　　集　川本悟史（ワニブックス）

発 行 者　髙橋明男
発 行 所　株式会社ワニブックス
〒150-8482
東京都渋谷区恵比寿4-4-9 えびす大黒ビル
ワニブックスHP　http://www.wani.co.jp/

お問い合わせはメールで受け付けております。
HPより「お問い合わせ」へお進みください。
※内容によりましてはお答えできない場合がございます。

印 刷 所　株式会社 光邦
D T P　アクアスピリット
製 本 所　ナショナル製本

ISBN 978-4-8470-7489-9